초등학교 수행평가의 문화

교사의 평가에 대한 학생들의 대응

초등학교 수행평가의 문화

교사의 평가에 대한 학생들의 대응

고 재 천 저

한국학술정보[주]

이 저서는 2003년도 한국학술진흥재단의 지원에 의하여
연구되었음(KRF-2003-003-B00210).

머리말

최근에 우리 교육계에는 수행평가에 대한 관심이 고조되고 있다. 교육부에서는 교육개혁 조치의 일환으로 수행평가 방식을 도입하였고, 학교 현장에서는 수행평가를 적용하고 활성화하기 위해 노력하고 있다. 이처럼 최근에 수행평가에 대하여 관심이 모아지는 이유는 그동안 우리나라 학교현장에서 학생평가의 방법 중 주요한 방법으로 사용되어 온 선택형 지필검사의 단점을 극복하고 대안적 평가방법으로 수행평가의 장점이 부각되었기 때문이다. 선택형 검사는 단순한 기초 기능을 측정하는 데에는 효과적이지만 비판력이나 창의력과 같은 고등정신 기능을 측정해 내는 데에는 어려움이 있다는 측면이 있다. 또한 기존의 지필평가 위주의 평가방법은 학습 과정에서의 학생들의 수행능력을 평가하기가 곤란하고, 실제 상황에서 학생들의 학습과제를 해결하는 능력을 평가하기에 부적합하다는 비판을 받아왔다. 따라서 교육현장에 대한 개선의 목소리가 높아지면서 새로운 교수 · 학습 이론에 따른 수행평가가 종래의 교수 · 학습평가를 재구조화하기 위한 대안으로 대두되게 된 것이다.

뿐만 아니라, 우리 교육계에서는 수행평가에 대한 연구도 활발히 이루어지고 있다. 이러한 연구들 중 내용 면에서 보면, 수행평가의 이론 도입과 형성에 관한 연구, 도구개발 연구, 실태 분석과 개선방안 연구, 교사의 평가 문화에 관한 연구 등이 다양하게 이루어지고 있다. 연구 방법 측면에서 보면 주로 양적 연구가 대부분을 차지하고 있으나 질적 연구도 이루어지고 있음을 볼 수 있다. 이와 같은 연구물들의 증가는 분명히 수행평가의 이해 및 적용에 도움이 될 것이다.

그러나 현재 학교현장에는 수행평가에 대한 구체적인 방안이 제대로 마련되어 있지 않다는 지적이 많으며, 특히 도구개발과 실시방법 및 결과활용 등에 있어서 많은 시행착오를 겪고 있다는 지적이 많다. 연구자들에 의하면 현장 교사들과 학생들은 수행평가에 대한 몰이해는 물론 수행평가의 실시에 대한 부정적인 인식을 가지고 있다고 지적하고 있다. 실제로 일부 교사들은 진정한 수행평가란 지금과 같이 획일적이고 피동적인 교육과정 운영체제나 입시위주의 교육체제에서는 불가능하며, 수행평가를 실시한다고 해도 수업에 지장을 초래하거나 업무만 가중시키는 결과를 가져올 것이라고 우려하고 있다. 이로 인하여 일선 학교에서는 수행평가 정책 시행에 대한 재검토의 목소리가 높았고, 현재는 학교의 여건과 특성을 고려하여 수행평가를 실시하도록 학교에 위임함으로써 초등학교의 경우 수행평가의 시행 여부를 학교장의 재량에 맡기고 있는 실정이다. 그 결과 수행평가를 실시하는 학교나 교사들이 있는가 하면 수행평가에 대한 올바른 인식이나 대안도 없이 흉내만 내고 있는 학교나 교사들도 있는 실정이다. 학교 구성원들인 교사들과 학생들이 수행평가의 실행을 심각하고 절실하게 받아들이지 않고 있는 것이다. 다시 말해 초등학교에서 수행평가는 실시되고는 있으나 제대로 실행되지 못하고 있는 것으로 볼 수 있다.

하지만 오늘날 우리 교육의 현실을 감안해 볼 때, 이제는 초등학교 수행평가의 내실화가 절실히 요청된다. 지식·이해 위주의 선택형 검사에 의한 학습평가에 치중해 온 우리 학교교육의 현실에서 우리나라 교육이 지향하는 창의력 등 고등정신기능의 발달과 실천위주의 전인교육을 위해서는 과정과 결과를 모두 중요시하는 수행평가 중심의 새로운 평가방식이 정착되어야 한다. 가르치면서 평가하고, 평가하면서 가르치는 교수·학습활동과 평가활동을 서로 분리하지 않고 통합적으로 동시에 이루어지도록 하기 위해서도 수행평가는 필요하다. 더욱이 세계화·정보화 시대로 특징지어지는 현대 사회에서 교수 · 학습의 질을 개선하고 학생들의 창의성이나 문제 해결력 등 고등 정신 기능을 신장시키고 개개인의 다양한 개성을 존중하며 전인 발달에 초점을 두기 위해서는, 객관식 검사위주의 학습평가를 지양하고 수행평가의 이론에 대한 연구와 함께 이를 현장에 적용하여 내실화하는 방안이 강구되어야 한다.

이 책은 한국학술진흥재단의 2003년도 신진교수연구과제인 '초등학교 교사의 수행평가에 대한 학생들의 대응(A study on the teacher's performance assessment and students' copying responses in the elementary school)'이라는 연구 결과물을 중심으로 집필하였으며, 여기에다 필자가 그 동안 수행평가와 관련하여 수행했던 연구물들을 추가하여 하나의 책으로 엮은 것이다. 이 책에서 활용된 추가 연구물들은 저자가 필자인 '초등학교 수행평가의 현황과 개선방안'(2002), '초등학교 교사의 수행평가 실행 문화'(2002), '초등학생들의 수행평가 적응 문화 이해'(2004) 등이다.

이 책은 모두 12개의 장으로 구성되어 있다. 이 책은 초등학교 수행평가의 문화를 이해하기 위한 연구 결과들을 제시하고 있다. 1장은 서장으로서 연구의 필요성, 연구의 목적 및 문제, 연구의 방법 및 절차로 구성되었는데, 연구대상 학교 및 연구 참가자들의 특성, 자료수집과 분석방법 등이 기술되었다. 2장은 수행평가에 대한 이론적 고찰로서 선행연구의 결과를 개관하였는데, 수행평가의 의의, 수행평가의 계획과 도구개발, 수업과정과 수행평가와의 관계, 수행평가의 장점과 문제점 및 개선방안 등에 대하여 이론적 관점에서 정리하였다.

연구 결과는 3장에서부터 11장까지이며 문화기술적인 연구방법에 의해 분석적 기술이 이루어졌다. 먼저 3장에서 6장까지는 초등학교 수행평가의 실태와 문제점을 규명하고자 하였다. 3장은 선행연구와 참여관찰 및 인터뷰 자료를 바탕으로 연구 참가자들이 수행평가의 실시에 대하여 어떻게 인식하고 있는지를 규명하려고 하였다. 초등학교 수행평가의 실시에 대한 교사와 학생들의 인식은 원론적인 측면에서는 긍정하였으나 현실적으로는 부정적인 견해를 나타냈다. 즉, 수행평가가 본질적으로 바람직한 평가이나 현재 초등학교에서 실시되고 있는 수행평가는 매우 문제점이 많다는 점을 지적해 주고 있었다.

그러면, 왜 부정적이고 회의적인 인식을 하게 되었는가? 4장에서 6장까지가 그 이유를 밝히기 위한 시도들이다. 4장에서는 이러한 부정적인 인식의 소재를 밝히기 위해 먼저 초등학교 수행평가의 실태를 기술하였다. 그 결과 수행평가 실행 문화의 특징은 결과위주의 평가, 형식적인 평가, 이원적인 평가, 평가결과의 관리적 활용 등으로 나타났다. 5장에서는 왜 연구 참여자들이 초등학교 수행평가의 실행을 부정적으로 인식하고 있는지 그 이유에 해당하는 수행평가의 문제점을 분석하였다. 그 결과, 연구 대상학교의 참여관찰과 연구 참여자들과의 면담을 통해 밝혀진 초등학교 수행평가의 실행과 관련된 문제는 형식적인 계획 수립 및 추진, 도구의 질 저하, 평정과 채점의 신뢰도 저하, 지적 영역에서의 기본학력 저하, 요식적인 기록 관리, 결과 활용의 저조 등이었다. 이러한 문제점들의 직접적인 원인의 하나는 교사들의 수행평가에 대한 지식이나 경험의 부족이고 또 다른 하나는 수행평가 실시 시간의 절대적인 부족에서 비롯된 것으로 분석되었다. 그리고 이러한 구체적인 문제점들의 간접적인 원인이며 동시에 수행평가 실시 여건의 문제는 교사 연수와 홍보의 부족과 함께 학급당 인원수와 업무의 과다에서 연유하는 것으로 분석되었다. 6장에서는 이러한 수행평가의 문제점들에 의거 수행평가의 정착 및 내실화를 위한 개선방안에 대하여 논의하였다.

다음으로, 7장과 8장은 초등학교 수행평가 실행의 문화가 무엇인가를 밝히는 데 목적이 있다. 7장은 초등학교 수행평가 실행의 문화적 특징이 무엇인가를 규명하고자 하였다. 질적 자료의 분석 결과, 초등학교 교사들의 수행평가 실시 문화의 특성은, 결과를 중시하고 형식적으로 실시하며 획일적이고 평가결과와 기록이 같지 않은 이원적 평가를 하는 것으로 볼 수 있었다. 8장에서는 초등학교 교사들이 수행평가를 실행하는 문화를 보다 심층적으로 이해하기 위해 수행평가 실행의 문화적 주제가 무엇인가를 밝히고자 하였다. 자료 분석을 통해 드러난 초등학교 교사들이 실행하는 수행평가의 문화적 주제는 수업우선주의, 실질적 편의주의, 소극적 대처주의, 관리지향주의로 나타났다.

다음으로, 9장에서 11장까지는 초등학교에서 교사들이 실시하는 수행평가에 대하여 학생들이 어떻게 대응하는가를 밝히려고 하였다. 즉, 9장에서는 초등학교 교사들의 수행평가 실행 방식과 유형을 분석하였다. 그 결과, 초등학교 교사들이 수행평가를 실시하는 방식은 여러 가지로 다양하였다. 초등학교 교사들의 평가방식은 크게 나누면 계획대로 평가하는 유형과 계획과 달리 평가하는 유형으로 나눌 수 있었다. 10장에서는 학생들의 대응 방식과 유형을 분석하였는데, 초등학교 교사가 수행평가를 다양하게 실시함에 따라 학생들도 달리 대응하였다. 즉 학생들도 교사의 평가에 대하여 적극적으로 대응하는가 하면 소극적으로 대응하기도 하고 경우에 따라서는 대응에 지체를 보이기도 하였다. 11장에서는 교사의 수행평가 실시에 대하여 학생들은 평가 결과의 성적 반영 여부, 교사의 평가 방침, 그리고 학생과 학부모의 관심 등에 따라 차별적으로 대응하는 것으로 볼 수 있었다.

마지막으로 12장에서는 앞에서 논의된 연구 결과들을 요약하고 결론을 진술하였으며 아울러 정책 방향을 제언하였다.

이 책은 필자가 단독으로 집필한 책이라는 점에서 의미가 있다. 지금까지 필자에게 몇 편의 저서가 있기는 하나 모두 공동 집필에 의하여 이루어졌다. 그러나 이 책은 여러 가지 측면에서 부족한 점이 많지만 필자가 단독으로 집필한 책이라는 점에서 그 의미를 찾을 수 있다. 이 책의 발간이 학문의 여정에서 새로운 전기가 되어야 한다고 스스로 약속해 본다.

이 책에서 활용된 연구방법론은 문화기술적 연구방법이다. 필자는 이 연구방법론에 대해 충분히 잘 알지 못한다. 그럼에도 불구하고 이 연구에 문화기술적 연구방법을 적용하여 자료를 수집하고 분석하였다. 그 이유는 이 연구방법을 적용하며 배우기 위해서였다. 이처럼 필자로서는 처음으로 이 연구방법론을 적용하다 보니 연구 결과의 타당도와 신뢰도는 낮을 수밖에 없다. 이 점에 대해서는 연구자 겸 필자로서 부끄럽기 짝이 없고 할 말이 없다. 그러나 이 처녀작을 통해서 질책과 조언을 듣고 재도약을 위한 기회로 삼고자 책을 발간하게 되었다.

　이 책이 나오기까지 여러분들의 도움이 있었다. 우선 직·간접적으로 연구를 도와준 연구보조원들과 이 책이 나오도록 기회를 만들어 준 출판사 관계자 분들께도 감사를 드린다. 특히 세세한 부분까지 교정해 준 문진희에게 고마움을 표한다. 끝으로 필자의 노력에도 불구하고 미흡한 부분은 너무 많다. 이 책의 미흡한 부분과 오류는 모두 필자의 탓임을 밝혀 둔다. 추후 연구 및 보완을 통해서 개정해 나갈 것이다. 독자들의 질책과 조언을 바란다.

2006년 4월

풍향골 연구실에서

고 재 천

목차

I. 시작하는 글

1. 연구의 필요성

　교수학습과 평가는 밀접한 관계를 맺고 있다. 교수학습을 어떻게 전개하느냐에 따라 평가의 방향이 달라지기도 하지만 평가를 어떻게 하느냐에 따라 교수학습의 방향이 달라지기도 한다. 단순한 지식을 평가하는데 치중하면 지식위주의 교육이 이루어지고 사고능력의 평가에 주안점을 두면 사고능력을 중시하는 교육이 이루어질 것이기 때문이다. 따라서 지식·정보화 사회에서 요구되는 고등사고능력을 계발하기 위해서는 이러한 사고능력을 중시하는 교수학습은 물론 평가방법을 달리할 필요가 있다.

　이런 측면에서 교육선진국에서는 고등사고기능을 중시하고 이러한 능력을 타당하게 측정하려는 수행평가 방식을 적극적으로 도입하고 있다(허경철 등, 1999). 우리나라에서도 1990년대 후반에 고등정신능력의 계발 등 교육개혁의 차원에서 교육평가의 문제점에 대한 지적에 따라 수행평가를 도입하였다. 기존의 지필평가 위주의 평가방법은 학습의 과정을 평가하기가 곤란하고, 실제 상황에서 학생들의 학습과제를 해결하는 능력을 평가하기에 부적합하다는 비판을 받아왔다(교육개혁위원회, 1995; 국립교육평가원, 1996; 김명숙, 2000; 김진규, 1997; 백순근, 1995a, 1995b; 성태제, 2000). 결국 교육현장에 대한 개선의 목소리가 높아지면서 새로운 교수학습 이론에 따른 수행평가가 종래의 교수학습 평가를 재구조화하기 위한 대안으로 대두되게 된 것이다.

이처럼 수행평가가 도입되고 관심이 모아졌던 이유는 그동안 우리나라 학교현장에서 학생평가의 방법 중 주로 사용되어 온 선택형 지필검사의 단점을 극복하고 대안적 평가방법으로 수행평가의 장점이 부각되었기 때문이다. 선택형 검사는 단순한 기초기능을 측정하는 데는 효과적이지만, 비판력·창의력과 같은 고등정신기능을 측정하기가 어렵다는 단점이 있다. 대신에 수행평가는 교수학습의 결과는 물론 교수학습의 과정을 효과적으로 측정하고 생태학적으로 보다 타당하게 평가하기 위한 방법으로 등장하게 된 것이다 (국립교육평가원, 1996).

그러나 수행평가의 도입 초기에 교육인적자원부나 시·도 교육청 등에서 사전에 수행평가의 실시를 위한 구체적인 지침이나 충분한 연수도 없이 시행함으로써 학교 현장에서는 수행평가의 개념이나 방법에 대한 이해 부족과 함께 실시 여건상 많은 어려움을 겪었다(성태제, 2000). 현재 수행평가가 적용되고 있는 시점에서도 학교현장에서는 구체적인 방안이 제대로 마련되어 있지 않으며 특히 수행평가의 도구개발과 실시방법 및 결과활용 등에 있어서 많은 시행착오를 겪고 있다는 지적이 많다(성태제, 2000; 허경철 등, 1999; 허인수, 1999b). 실제로 일부 교사들은 진정한 수행평가란 지금과 같이 획일적이고 피동적인 교육과정 운영체제나 입시위주의 교육체제에서는 불가능하며, 수행평가를 실시한다고 해도 수업에 지장을 초래하거나 업무만 가중시키는 결과를 가져올 것이라고 우려한다(백순근, 1997). 이로 인하여 일선 학교에서는 수행평가 정책 시행에 대한 재검토의 목소리가 높았고, 현재는 학교의 여건과 특성을 고려하여 수행평가를 실시하도록 함으로써 초등학교의 경우 수행평가의 시행 여부를 학교장의 재량에 맡기고 있는 실정이다. 그 결과 수행평가를 실시하는 학교나 교사들이 있는가 하면 수행평가에 대한 올바른 인식이나 대안도 없이 흉내만 내고 있는 학교나 교사들도 있는 실정이다.

하지만 오늘날 우리 교육의 현실을 감안해 볼 때 이제는 초등학교 수행평가의 내실화가 절실히 요청된다. 지식·이해 위주의 선택형 검사에 의한 학습평가에 치중해 온 우리 학교교육의 현실에서 우리나라 교육이 지향하는 창의력 등 고등정신기능의 발달과 실천 위주의 전인교육을 위해서는 과정과 결과를 모두 중요시하는 수행평가 중심의 새로운 평가방식이 정착되어야 한다. 가르치면서 평가하고, 평가하면서 가르치는 교수학습활동과 평가활동을 서로 분리하지 않고 통합적으로 동시에 이루어지도록 하기 위해서도 수행평가는 필요하다. 더욱이 세계화·정보화 시대로 특징지어지는 현대 사회에서 교수학습의 질을 개선하고 학생들의 창의성이나 문제해결력 등 고등정신기능을 신장시키고 개개인의 다양한 개성을 존중하며 전인발달에 초점을 두기 위해서는, 객관식 검사위주의 학습평가를 지양하고 수행평가의 이론에 대한 연구와 함께 이를 현장에 적용하여 내실화하는 방안이 강구되어야 한다.

지금까지 우리나라에서 이루어진 수행평가의 연구 동향을 분석해 보면, 우선 초등학교 현장에서 실시되고 있는 수행평가의 문제점이나 해결방안에 대해 심도 있게 다룬 연구는 많지 않다. 수행평가에 대한 선행 연구들이 주로 문헌 고찰이나 이론적인 탐색(김명숙, 2000; 김재춘·소경희, 1999; 백순근, 1995a 참조)에 초점이 맞추어져 있거나, 혹은 이러한 문제점이나 개선방안에 대한 연구(성태제, 2000; 허경철 외, 1999 참조)조차도 주로 질문지를 활용한 조사연구의 형태를 띠고 있으며 직접 수업을 관찰하고 면담을 통하여 현장과 밀착된 심층적인 연구(허인수, 1999a 제외)는 거의 없는 편이다. 수행평가를 성공적으로 정착시키고 내실화를 기하기 위해서는 현장에서 제기되는 구체적이고 실질적인 문제와 개선방안을 파악하기 위하여 미시적인 수준에서 심층적으로 접근해 볼 필요가 있다.

　또한, 초등학교에서 수행평가를 정착시키고 내실화하기 위해서는 우선 수행평가를 담당하는 주체로서 학교 구성원들의 협조가 불가피하며, 특히 교사들의 교수학습 및 평가 활동이나 태도 그리고 그들의 문화 등에 대한 이해가 선행되어야 한다. 왜냐하면 이러한 교사들의 행동이나 태도 등이 교수학습 및 평가 활동에 중요한 영향을 미치기 때문이다. 따라서 초등학교에서 실시되고 있는 수행평가의 내실화를 위해서는 초등학교 교사들이 수행평가를 어떻게 실시하고 있으며, 수행평가 실행의 문화적 특성과 문화적 주제는 무엇인가 등 초등학교 교사들의 수행평가 실행 문화를 이해하는 연구가 이루어질 필요가 있다. 그렇지만 지금까지 수행평가의 연구 동향을 분석해 볼 때 초등학교에서 교사들의 수행평가 실행 문화에 대한 연구는 많지 않은 편이다. 다만, 이 분야에 허인수(1999a)의 연구가 있으나, 서울특별시 초등학교를 중심으로 수행평가 도입 초기에 교사들이 어떻게 적응하는지에 초점을 두었을 뿐 수행평가가 본격적으로 시행되고 있는 시점에서 초등학교 교사들의 수행평가 실행 문화에 대한 심층적인 연구는 찾아볼 수 없다.

　뿐만 아니라, 초등학교 수행평가에 대한 구성원들 사이의 평가 문화에 대한 이해가 필요하다. 새로운 평가 제도의 정착은 현장에서 적용되고 있는 문화의 이해를 통해서만 가능하기 때문이다. 특히, 초등학교 수행평가의 내실화를 위해서는 교사와 학생들 사이에 일어나는 상호작용의 관점에서 수행평가를 이해할 필요가 있다. 초등학교 교사와 학생들이 수행평가를 어떻게 생각하고 어떻게 실시하고 있는지, 그리고 서로 간에 어떻게 상호작용하는지 등에 대한 이해가 필요하다. 교사들의 수행평가 실시 방식에 대한 학생들의 대응 방식을 이해해야 이를 토대로 평가 제도의 개선은 물론 교수학습의 질 개선이 가능하기 때문이다. 분명 초등학교 수행평가에 대한 교사들의 실행 방식과 학생들의 대응 방식에 대한 상호작용적 이해가 초등학교 수업과 평가의 이해 및 개선에 도움을 줄 것이다.

2. 연구의 목적

 이 연구는 초등학교 수행평가의 문화를 이해하는 데 목적이 있다. 특히 교사들이 실시하는 수행평가에 대하여 학생들이 어떻게 대응하는지를 밝혀내는 데 주안점을 두고 있다. 구체적으로 연구의 목적은 초등학교에서 실시되고 있는 수행평가의 실상을 이해하고 문제점을 규명하여 이를 토대로 개선방안을 제시하는 데 있다. 그리고 초등학교 교사들이 수행평가를 어떻게 실시하고 있는지 그들의 평가 문화를 이해하는 데 있다. 또한, 초등학교에서 교사들이 실시하는 수행평가에 대하여 학생들이 어떻게 대응하는가를 밝혀내는 데 있다.

 이러한 연구목적을 달성하기 위한 구체적인 연구문제는 다음과 같다.

 첫째, 초등학교 수행평가에 대한 교사와 학생들의 인식은 어떠한가?

 둘째, 초등학교에서 이루어지는 수행평가의 실태는 어떠한가?

 셋째, 초등학교 현장에서 제기되는 수행평가 실행상의 문제점은 무엇인가?

 넷째, 초등학교 수행평가 실행상의 개선방안은 무엇인가?

 다섯째, 초등학교 교사들이 수행평가를 실시하는 문화적 특징은 무엇인가?

 여섯째, 초등학교 교사들이 수행평가를 실시하는 문화적 주제는 무엇인가?

 일곱째, 초등학교 교사들의 수행평가 실시 방식이나 유형은 무엇인가?

 여덟째, 초등학교 교사의 평가 방식에 대한 학생들의 대응 방식이나 유형은 무엇인가?

 아홉째, 초등학교 교사의 수행평가에 대한 학생들의 대응 원리는 무엇인가?

3. 연구의 방법

이 연구는 주로 질적 연구방법인 인터뷰와 참여관찰을 활용한 문화기술적 연구
방법을 통하여 자료를 수집하고 분석하였다. 연구결과의 신뢰도와 타당도를 증진
시키기 위하여 양적 연구방법인 구조적 질문지 조사가 실시되었고, 개방적 작문
을 통한 내용분석법과 반구조적 서술형 질문지 조사에 의한 내용분석법이 사용되
었으며, 광범위한 문헌의 개관과 문서자료의 수집 및 분석 방법도 활용되었다.
이와 같은 구조적 질문지 조사나 반구조적 서술형 질문지 조사에 의한 내용분석
의 결과는 주로 질적 연구의 보강자료로만 활용하였다. 따라서 자료 수집과 분석
에 있어서 질적 방법으로 포괄적 면담, 참여관찰, 내용분석법이 사용되었으며,
양적 방법으로 질문지 조사가 그리고 광범위한 문헌의 개관이 사용되었다.

이러한 양적 연구방법과 질적 연구방법을 병행해서 연구를 수행하는 것이
오늘날 새로운 연구 동향이며(예: Rossman & Wilson, 1985; Madley,
1982의 연구 참조), 상호간의 연구 결과를 공고히 함으로써(triangulation)
질적 연구의 단점인 신뢰도를 증진시킬 수 있고 양적 연구의 단점인 타당도도
증진시킬 수 있다.

특히, 본 연구가 질적 연구방법의 하나인 문화기술적 연구방법을 활용한
것은 문화기술적 연구방법이 총체적인 문화(holistic culture), 즉 행위
주체자들의 행동, 신념, 가치, 그리고 그러한 것들을 구성하는 문화적 요소
들을 종합적으로 기술하여 이해시켜 줄 수 있기 때문이었다. 이러한 문화기
술적 연구방법은 Spradly(1979, 1980)가 개발하여 발전시킨 12단계의
질적 연구 모형을 변용하여 사용하였다.

지금까지 개발된 여러 문화기술적 연구절차 중에서 비교적 상세히 절차를
기술하고 있는 것은 Spradley(1979, 1980)가 개발한 12단계의 발전식
연구 모델이다. 그는 참여관찰과 인터뷰에 이 모델을 적용하고 있다. 문화

기술적 연구는 먼저 연구의 과제를 선정하기, 문화기술적 질문하기, 문화기술적 자료를 수집하기, 문화기술적 기록하기, 문화기술적 자료를 분석하기, 끝으로 이를 토대로 문화기술적 보고서 작성하기의 순서로 연구가 진행된다. 물론 앞에서 이야기한 대로 그 과정은 순환적이다.

보다 구체적으로 Spradley가 제시한 참여관찰 방법을 통한 12단계 문화기술적 연구의 절차를 살펴보면, (1) 사회적 상황의 위치 잡기, (2) 참여관찰을 시행하기, (3) 문화기술적 기록을 작성하기, (4) 서술관찰을 시행하기, (5) 영역분석을 하기, (6) 집중관찰을 시행하기, (7) 분류분석을 하기, (8) 선별관찰을 하기, (9) 성분분석을 하기, (10) 주제분석하기, (11) 문화적 목록을 작성하기, (12) 문화기술적 보고서 작성하기 등이다.

Spradley의 12단계의 발전식 연구절차를 인터뷰에 적용시켜 보면, (1) 정보제공자 선정하기, (2) 인터뷰하기, (3) 문화기술적 기록하기, (4) 서술적 질문하기, (5) 문화기술적 인터뷰 분석하기, (6) 영역분석하기, (7) 구조적 질문하기, (8) 분류분석하기, (9) 대조적 질문하기, (10) 성분분석하기, (11) 문화적 주제 발견하기, (12) 문화기술적 보고서 작성하기 등이다.

이 연구는 2차에 걸쳐 이루어졌다. 1차 연구는 1999년부터 2001년까지 이루어졌고, 2차 연구는 2003년부터 2004년까지 이루어졌다. 1차 연구는 수행평가의 인식, 실태, 문제점과 개선 방안, 그리고 수행평가의 문화에 대하여 연구하였다. 2차 연구는 교사의 평가 방식에 대한 학생의 대응을 연구하였다. 이들 연구는 연구 시기만 다를 뿐 자료수집과 분석방법은 유사하였다.

가. 1차 연구(1999년~2001년)

1) 연구 절차

이 연구는 참여관찰에 있어서 서술관찰과 집중관찰을 주로 하였으며, 인터뷰에 있어서도 서술적 인터뷰와 구조적 인터뷰(심층면담)를 주로 하였다.
먼저, 선행연구와 문헌개요를 통하여 수행평가에 대한 이론을 이해하는 데
노력했으며, 동시에 연구 장소와 연구 참가자를 선정하였다. 다음으로 서술
적 참여관찰을 하면서 서술적 인터뷰를 실시하였고, 자료수집을 통하여 얻
어진 자료를 영역 분석하여 집중관찰과 구조적 인터뷰가 실시되었고 여기에
서 얻어진 자료를 분석하였다. 이 과정에서 질문지 조사와 내용분석을 위한
글쓰기는 1999년에 이루어졌으며, 반구조적 서술형 질문지 조사는 2000년
에 이루어졌다.

2) 연구 대상

이 연구는 광주광역시에 소재하는 H초등학교에서 실시되었다. 본교를 연
구대상학교로 선정한 이유는 수행평가를 의욕적으로 실시하고 있었으며, 또
한 본 연구자가 접근하기 쉽고 자료 수집이 용이했기 때문이다.

이 연구에 정보제공자로 참여한 사람은 연구방법에 따라 다양하게 선정되
었다. 첫째, 본 연구의 참여관찰은 연구대상학교의 학년별 각 1개 학급 총
6개 학급에서 이루어졌으며 수업시간에 맞춰 수업 및 평가 장면을 대상으로
하였다. 둘째, 면담에 참여한 연구대상학교의 주요 정보제공자는 교사와 학
교행정가 등 총 10명이었다. 셋째, 반구조적 서술형 질문지 조사에 응한 교
사들은 총 20명이었는데, 이들 중 10명은 연구대상학교에 근무하는 주요
정보제공자들이었으며, 나머지 10명은 광주시내 초등학교에서 학습평가를
담당하고 있거나 수행평가에 관심이 많은 교사들이었다.

3) 자료 수집

먼저, 연구주제 전반에 걸친 자료를 얻기 위하여 참여관찰이 실시되었다.
Spradly(1980)의 발전적 연구 모형을 응용하여 서술관찰에서 집중관찰로

진행되었다. 서술관찰은 연구대상학교의 전반적인 것(일반적인 교수·학습 활동, 시설, 수업과 수행평가 과정, 교사와 학생의 상호작용 과정, 교수·학습 평가 결과의 기록과 유지 및 활용 상황 등)을 관찰하였다. 집중관찰은 수행평가가 실시되는 일반 수업시간을 중심으로 총 6회 관찰하였다. 수업 내용은 비디오카메라로 촬영하여 그 대강을 연구 노트에 요약·기록하였다. 관찰대상으로는 평가가 이루어지는 수업시간에 교사의 활동과 학생들의 활동, 수업시간과 종료 후의 교사의 평가활동 및 결과 기록과 관리에 대한 것이었다.

다음으로, 초등학교 수행평가의 실상, 문제점과 개선방안 및 수행평가 실시의 문화적 특징 및 문화적 주제가 무엇인가를 규명하기 위해 면담이 실시되었다. 연구대상학교에서 면담은 10명의 교사와 학교행정가를 대상으로 개인 및 집단별로 실시하여 자료를 수집하였다. 주로 Spradley(1979)의 면담 절차를 응용하여 서술적인 면담에서 심층적 면담으로 진행되었다. 구조적·비구조적 면담에서 집단·개인 면담 등의 다양한 면담 기법들이 사용되었다. 면담 장소는 주로 방과 후에 교실에서 이루어졌다. 면담 내용은 녹음기를 통하여 전체 내용을 녹음한 뒤 그대로 받아쓰기를 실시하였다. 서술적 면담은 두세 차례 실시되었으며 4개월간 지속되었다. 서술적 면담의 내용으로는 연구대상학교의 교수·학습 평가에 대한 것으로 수행평가의 실시 현황, 문제점, 개선방안과 수행평가 실행의 과정과 절차, 수행평가 실행에 있어서 교사와 학생들 간의 상호작용 등에 관한 것이었다. 심층적 면담은 서술적 면담 내용을 기초로 동일한 면담자들을 대상으로 두 차례에 걸쳐 구조화된 면담을 실시하였다.

또한, 반구조적 서술형 질문지 조사를 실시하여 자료를 수집하였다. 반구조적 서술형 질문지 조사는 본 연구 과정에서 교육부의 수행평가 정책의 시행 유보로 인하여 연구대상학교의 수행평가 실상에 대한 질적 자료 분석 결과의 타당도를 재검증하고, 타 초등학교 수행평가의 실상과 비교함으로써

연구결과의 신뢰도를 확보하기 위하여 자료를 추가로 수집한 것이다. 마지
막으로, 광범위한 선행연구의 개관과 연구대상학교의 문서자료의 수집 등
문헌 연구의 방법이 사용되었다.

4) 자료 분석

자료 분석 방법도 연구 절차에 따라 달라졌다. 첫째, 면담과 참여관찰을
통해 수집된 자료는 Spradly(1979, 1980)의 문화기술적 연구의 분석 절
차인 영역분석, 분류분석, 성분분석, 주제분석의 절차를 통하여 분석하였다.
서술적 면담과 서술관찰을 통하여 얻은 자료는 영역 분석한 후에 심층 면담
과 집중관찰의 영역으로 삼았고, 여기서 얻어진 자료를 바탕으로 주제를 발
견하여 연구 보고서를 작성하였다. 둘째, 연구결과의 타당도와 신뢰도를 증
진시키기 위하여 반구조적 서술형 질문지 조사를 실시한 후 내용 분석을 통
해 질적 연구 자료를 보강하였다.

나. 2차 연구(2003년~2004년)

1) 연구 절차

이 연구는 주로 문화기술적 연구방법인 참여관찰과 면담을 통하여 자료를
수집하고 하여 이루어졌다. 또한, 연구결과의 신뢰도와 타당도를 높이기 위
해 광범위한 문헌 고찰과 서술적 질문지 조사와 자유로운 글쓰기를 활용한
내용분석법도 사용하였다.

이 연구는 선행연구와 문헌개관을 통하여 수행평가에 대한 이론적 배경을
검토하였고, 연구 장소와 연구 대상자를 선정하여 서술 관찰과 서술적 면담
을 실시하였다. 이를 통하여 수집된 자료를 영역 분석하여 집중관찰과 구조
적 면담을 실시하였으며, 이들 수집자료를 분류분석하고 선별관찰과 대조적

면담을 실시하였다. 마지막으로 이들 자료들의 성분분석을 통해 문화적 주
제를 찾아냄과 동시에 연구보고서를 작성하였다. 이 연구는 주로 2004년에
이루어졌다.

2) 연구 대상

이 연구는 광주광역시에 있는 Y초등학교에서 참여관찰과 면담이 이루어
졌다. 이 학교는 대도시에 위치하지만 주변에 공단과 농촌지역이 함께 위치
하고 있으며 학급 수가 약 70개가 넘는 대규모 학교에 해당한다. 이 학교
는 이 연구의 연구보조원이 근무하는 학교로서 자료수집이 용이하다는 판단
에서 연구대상학교로 선정된 것이다.

연구대상학교의 주 정보제공자는 고학년 1개 학급씩 모두 3개 학급과 해
당 학급의 학생들이었다. 연구자는 이들 연구 참여자들의 수업을 관찰하고
이들과 면담을 실시하였다. 구체적인 면담 대상은 이들 연구대상학교에 근
무하는 연구 참여교사 2명과 해당 학급 학생 10명 정도이었다. 더 광범위
한 자료를 얻기 위해 이 교사들로만 국한하지 않고, 광주광역시 초등학교에
근무하면서 광주교육대학교 교육대학원에 재학 중인 10명의 교사들과 추가
로 면담하였다.

3) 자료 수집 및 분석

이 연구에서 사용하는 자료수집방법은 포괄적 면담, 참여관찰, 내용분석
이었다. 첫째, 면담은 서술적 면담에서 심층적 면담으로 진행되었다. 서술
적 면담의 내용에는 연구참가자와 연구대상학교에 관한 일반적인 자료가 포
함되었다. 예를 들면 수업장면(수업과정, 수업자료 활용, 평가장면), 학생지
도(과제지도, 일기검사), 사무관리(학급경영부 정리, 수행평가기록부 관리,
통지표 기록, 생활기록부 기록) 등이었다. 심층적 면담의 내용은 서술적 면

담의 내용을 바탕으로 진행되었다. 주로 교사들의 수행평가 실시 방식이나 상황, 학생들의 대응 방식이나 상황, 그들 사이의 상호작용에 관한 것들이었다. 특히, 광주지역에 근무하면서 광주교육대학교 교육대학원에 재학 중인 교사들에게 방학 기간 동안 실시되는 출석수업 중 면담과 함께 서술적 질문지를 작성하도록 요청하여 자료를 수집하기도 하였다.

둘째, 참여관찰은 연구주제 전반에 걸친 자료를 수집하기 위해 서술적 관찰에서 집중관찰과 선별관찰로 진행되었다. 서술관찰에서는 연구대상학교의 전반적인 것들을 관찰하였다. 예를 들면, 교사의 수업 과정, 평가 장면, 학생 지도, 시설 등으로써, 특히 교사의 수업 중에 학생들이 수행평가에 대응하는 활동과 교사와 학생들 사이의 상호작용에 초점이 모아졌다. 집중관찰은 서술적 관찰의 기록과 서술적 면담 자료를 영역 분석한 후에 특정 영역에 한정하였다.

셋째, 내용분석은 이 연구참가자인 학생들과 직접면담보다는 수행평가에 대한 '자유로운 글쓰기'를 통하여 얻은 자료들을 내용분석하여 교사들의 면담과 참여관찰의 보완자료로 활용하였다. 또한 교사들에게 서술적 질문지를 작성하게 한 후 그 내용을 분석하여 보완자료로 활용하였다.

이와 같이 참여관찰과 면담 등에 의해 수집된 자료는 Spradley(1979, 1980)의 문화기술적 연구의 분석절차(김병성, 1996)인 영역분석, 분류분석, 성분분석의 단계를 거쳐 분석하였다. 이러한 분석을 통해 얻은 자료들은 관찰 및 면담 과정에 재투입하였으며 최종적으로 주제 분석을 통해 문화적 주제를 발견하였다.

Ⅱ. 수행평가에 대한 이론적 기초

1. 수행평가의 의의

새로운 평가는 과거의 전통적인 교수학습 방법으로부터 인지학습이론에 입각한 새로운 교수학습으로 변화를 전제로 한다. 인지적 수업의 관점에서 수업은 더 이상 교사에 의한 지식 전달 과정이 아니다. 학생들은 새로운 지식을 그대로 받아들이는 것이 아니라 그것을 해석하고 자신의 선행 지식과 조합해 나간다. 학생들의 단편적인 지식의 이해는 새로운 학습에서 근본적으로 중요한 사항이 아니다. 학생들이 언제, 어떻게 수행하는지, 새로운 상황에 적용할 수 있는지가 중요하며, 그것이 새로운 평가의 대상이 된다.

수행평가는 학생이 수행하는 과정에 자신의 지식과 기능을 사용하는 능력을 평가하려는 것이다. 학생의 이러한 능력은 성악이나 체육 실기에서처럼 실제 수행으로 나타나기도 하고, 보고서나 그림, 프로젝트와 같이 구체적인 성과물로 나타나기도 한다(McMillan, 1997). 수행평가(performance assessment)와 함께 새로운 평가방법을 지칭하는 것으로서 대안적 평가 (alternative assessment), 총체적 평가(holistic assessment), 참평가(authentic assessment) 등의 용어가 사용된다. 이들은 용어 간에 약간의 차이는 있으나 전통적인 표준화 검사나 선택형 지필평가의 편협한 평가 실행을 탈피하여 인간 능력의 총체적 이해라고 하는 평가의 본연적 의미로 되돌아가려는 일종의 복원 운동을 추구하고 있다는 점에서 공통점을 지니고 있다(최호성, 1997).

전통적으로 시행되었던 객관식 선택형 검사는 행동주의 심리학에 근거한 것이다. 행동주의 심리학에 입각하여 교육과정 계획자들은 학생들의 의사와는 관계없이 교수학습 목표를 진술한 다음, 목표 성취에 필요한 하위 과제 분석을 통해 수업 내용을 계열화해서 학생들에게 전달한다. 행동주의의 교수 학습 이론에서는 교사가 수업을 주도하며 지식과 정보를 전달하고 학습을 관리하는 역할을 하며, 학생들은 외부의 환경적 자극에 반응하는 수동적 학습자관을 택하고 있다. 수업평가도 행동목표에 근거한 단편적인 지식의 이해를 측정하는 준거지향 평가관에 따라 객관식 선택형 검사가 주로 사용된다(Resnick & Resnick, 1992). 관찰 가능한 행동으로 기술된 학습 목표들은 평가를 안내하는 역할을 한다. 학습이 정보를 수집하고 습득하는 것으로 인식되므로 '반복적인 연습을 통해서 숙달될 수 있다'는 것이 교수의 주요 원리로 작용한다.

그러나 학생들에게 필요한 사고의 종류가 훨씬 다양해지고 교육의 성과에 대한 기대가 변화함에 따라 인간 학습에 대한 행동주의적 이론의 타당성과 적용 가능성은 상당히 축소되었으며, 새로운 인지학습이론이 교수 학습 과정과 평가관을 지배하게 되었다. 분리된 지식의 축적을 학습이라고 주장했던 행동주의적 학습이론이 능동적 지식 구성을 신봉하는 구성주의-인지주의 학습이론에 밀려나게 된 것이다. 인지학습이론에서는 학습자들이 자신이 위치한 맥락에서 능동적인 경험을 통하여 자신에게 적합한 지식을 구성한다는 점을 강조한다. 즉 주어진 상황에서의 개인의 주관적인 경험과 사회적 상호작용을 통한 의미 구성이 곧 학습이다. 교육은 학습자들로 하여금 맥락에 적합한 의미를 구성하고, 실재를 구성하는 방법을 학습하도록 도와서 자신이 살고 있는 세상에 보다 잘 적응하고, 필요에 따라 세상을 의도한 대로 변화시킬 수 있도록 하는 것이다. 인지학습이론에서는 전통적인 선택형 시험에서 주로 다루었던 단편적인 정보 자체는 학습에서 근본적으로 중요한 사항이 아니다. 대신 학생들이 문제해결을 위한 맥락에 그러한 정보를 어떻게 조직하고 구성하는지에 관심을 갖는다(Herman, Aschbacher, & Winters, 1992). 추론, 비판적 · 반성적 사고, 문제해결, 인지적 유연성 획득 등이 주요 학습 목표이다. 이에 따라 수업에서 복합적이고 비구조화된 다양한 상황을 제공하고, 다양한 관점을 제시하며, 협력적 학습환경이 조성된다. 평가 역시 사전에 설정된 목표에 근거하여 단편적 지식을 평가하기보다는 실제 과제를 수행하는 학습과정 속에서 이루어진다.

수행평가의 근거가 되는 인지학습이론에서는 평가와 수업에 대해 다음의 몇 가지 시사점을 제안한다. 첫째, 학생들에게 개별적으로, 또는 사회적으로 문제해결 방법을 구성해 내도록 과제를 제시해야 한다는 것이다(Resnick, 1988; Shavelson, Webb, Stasz & McArthur, 1988). 둘째, 평가가 구체적이고 의미 있는 과제를 포함해야 한다는 것이다. 이런 과제를 통해서 학생들은 반응행동과 문제해결의 전략을 평가받을 수 있고 환류를 제공받는다. 세 번째 의미는 평가가 대안적 해결책이 있는 과제를 포함해야 한다는 것이다. 학생들은 하나의 정답이 아니라 다양한 해결방법이 사용될 수 있는 과제를 제시받아야 한다. 평가문제를 해결하는 데 걸리는 시간은 과제에 따라 다르지만 선택형 검사의 한 문항보다는 훨씬 긴 시간이 부여되어야 한다. 교사는 학생들이 과제수행 과정에서 다양한 문제해결 전략을 사용했는지 평가하며, 완전하지 못한 부분적 해답이나 지식에 대해서도 규정된 채점기준에 따라 평점을 준다.

이상에서 살펴본 새로운 인지발달 학습이론에 근거한 대안적 평가관을 전통적인 선택형 검사에 의한 평가와 비교하여 정리하면 다음의 〈표 1〉과 같다.

〈표 1〉 학생평가의 새로운 경향

전통적 평가	수행평가	전통적 평가	수행평가
성과만 강조함	과정의 평가	수업 후	수업 중
단편적인 지식과 사실	통합된 기능과 지식의 적용	환류가 거의 없음	도움을 주는 환류
지필 과제	실제적 과제	객관식 검사	수행 근거의 검사
탈맥락적 과제	맥락적 과제	표준화 검사	비공식적 검사
단일한 정답	정답이 다수임	외부의 평가	학생의 자기 평가
기준이 제시되지 않음	기준이 사전에 제시됨	단일한 평가	다양한 평가
준거가 제시되지 않음	준거가 제시됨	평가주기 간헐적	계속적 평가
개인	집단	최종적	순환적

2. 수행평가 계획 및 평가도구의 제작

가. 목표의 확인

수행평가 계획 및 도구제작 과정에서 가장 먼저 실행해야 하는 것은 목표의 확인이다. 전통적인 지필평가 방법은 주로 지식의 영역과 일부분의 추리능력에 한정하여 사용되어 왔으나 수행평가는 어떤 것을 아는 것이나 방법을 아는 것뿐만 아니라 무엇을 하는지에 초점을 둔다. 발표 방법을 아는 것과 실제로 발표를 할 수 있는 능력은 별개의 학습 목표라는 것이다. 그리하여 수행평가를 사용하는 수업에서는 학생들이 아는 데 그치는 것이 아니라 수행해 내도록 한다. 또한 수행평가는 학습이 실제 삶에서 일어나는 상황과 문제들에 적용되어야 함을 강조한다. 학생들이 수행하는 과정에 나타내 보일 수 있는 주요한 기능은 신경 운동 능력과 고등정신 기능(추리능력), 의사소통 능력 등을 들 수 있으며, 수행한 결과로 만들어진 결과물(보고서, 프로젝트, 기타 과제물)의 평가 시에 지식을 포함한 다양한 능력을 평가하게 된다. 또한 수행평가를 전통적인 선다형 평가를 대체할 수 있는 대안적 평가로서 광의로 해석할 때, 학생의 수행과정에 나타나는 태도의 영역 등 정의적인 것도 평가의 범주에 포함시킬 수 있다.

지적 영역의 목표는 지식, 이해력, 적용력, 분석력, 종합력, 평가력의 여섯 가지 영역 체계가 일반적으로 많이 알려져서 활용된다. 이들 중에 지식, 이해력, 적용력은 기본적 사고 기능으로, 분석력, 종합력, 평가력은 고등 사고 기능으로 구분한다. 이들은 지적 능력의 작용으로 판단하여 가장 단순한 것에서부터 복잡한 능력의 순서대로 위계화시켜 조직한 것이다. 수행평가의 방법을 통하여 이 영역들 중에 전통적 지필평가가 제대로 평가할 수 없었던 적용력과 고등 사고 기능의 목표를 제대로 평가할 수 있다고 강조한다. 그러나 분석력과 종합력은 중요한 지적 능력이지만 학생들이 학습과정에서 수행하는 학습과제 가운데서 잘 판별해 내기 어렵다는 단점이 있다.

이 지적 영역의 고등 사고 기능 및 이와 관련된 추론 기능의 목표를 다음의 〈표 2〉와 같이 요약할 수 있다.

〈표 2〉 고등 사고 기능의 목표

구 분	정 의	주요 요소
Bloom의 분류학	고등 사고 기능	적 용 력 분 석 력 종합능력 평가능력
Ennis의 비판적 사고	신념이나 행동의 가치에 대한 의사결정 또는 판단	특성의 판단 기 능
Quellmalz	고등 추론 기능	분 석 비 교 추 론 평 가
Marzano	복잡한 사고 또는 추론 전략	지식의 확대와 정교화 지식을 의미 있게 활용하기

McMillan, J. H. (1997). *Classroom assessment: Principles and practice for effective instruction.* Boston: Allyn and Bacon. p.176.

심체적 영역의 학습목표의 확인은 두 단계로 이루어질 수 있는데 그 중 첫 번째의 단계는 심체적 영역의 구체적인 행동내용을 분류한 것이다. 심체적 기능의 다섯 가지 범주는 ① 단순한 운동기능(연필 쥐기, 현미경 초점 맞추기), ② 순수한 운동기능(뛰기, 들어올리기), ③ 복합적인 체육활동 기능(농구에서 공 던지기), ④ 시각적 기능, ⑤ 언어 청각적 기능으로 분류할 수 있다. 그리고 두 번째 단계는 기능이 수행되는 수준을 확인하는 것인데, ① 지각(보고, 듣고, 만지기), ② 준비(행동을 취할 준비), ③ 안내된 반응(행동의 모방, 지시에 따르기), ④ 기계적 반응(자신 있게 행동하기), ⑤ 적용(학생들이 스스로 수정, 개작함), ⑥ 창작(새로운 행동을 만들어냄)으로서 이 범주들은 위계적으로 수행된다. 첫째 단계에서 확인된 목표의 수준을 결정하기 위해 두 번째 단계의 범주를 사용할 수 있다.

교실에서 학습의 성과로 기대될 수 있는 정의적 영역의 목표는 태도, 가치, 동기, 자아개념과 자아 존중감, 사회적 관계 등을 들 수 있다. 이러한 정의적 목표들의 체득 수준에 따른 위계적인 분류체계는 평가의 관점으로 유용하게 사용할 수 있다. 정의적 영역의 목표는 5단계의 연속선상에 위치한 범주들로서 ① 감수(인식, 수용의 의지, 관심), ② 반응(반응의 의지, 반응의 초기 수준), ③ 가치화(가치의 수용, 선호), ④ 조직(가치체계를 수집하여 조직함), ⑤ 내면화(조직된 가치체계가 생활에서 드러나고 인생철학이 됨)로 분류된다. 이러한 정의적 영역의 목표 분류 체계의 장점은 목표로 설정하려는 정서의 수준을 결정할 수 있다는 것과 각 단계의 정서에 해당하는 학생 행동을 제시할 수 있다는 점을 들 수 있다. 예를 들면 학생들에게 전통음악 감상 능력을 갖도록 목표를 제시한다면 전통음악은 어떤 것인지를 듣고 아는 정도를 목표로 할 것인지(감수), 전통음악을 정말로 좋아하도록 할 것인지(가치화)를 구분해서 결정할 수 있다.

나. 수행과제의 기술과 제시

학습 목표의 확인이 이루어진 다음에 ① 수행과제를 확인하고 ② 과제에 대해 기술하며 ③ 구체적인 질문이나 문제를 학생들에게 제시하는 절차가 이루어진다.

1) 수행과제의 확인

수행과제란 수행평가와 관련하여 학생들에게 수행하도록 요구하는 과제를 의미하며, 수행과제는 개별적으로 또는 집단적으로 부과된다. 과제는 교과목에 따라 수준에 따라 다양하며, 한 교과목에 한정된 것과 여러 교과 간에 통합된 것으로 구분할 수 있다.

이 글에서는 수행과제의 유형을 단순한 수행과제와 복합적인 수행과제로 구분하여 설명하기로 한다.

가) 단순한 수행과제

단순한 수행과제란 비교적 좁은 범위 안에서 구체적으로 기술된 기능을 목표로 하는 과제이다. 과제의 내용이 구조화되어 있고 구체적으로 기술되어 있다. 과제들은 짧은 서술 문제나 개방적 질문으로 진술되어 있으며, 학생들은 자신의 응답에 대해 설명하거나 자신의 대답에 대해 방어할 수 있고, 해답에 이른 과정에 대해 나타낼 수 있다. 짧은 글쓰기 문제나 해석 연습도 단순한 수행과제에 포함된다. 단순한 수행과제는 복합적 수행과제보다 실행과 채점 과정에 시간이 적게 걸리며, 평가의 신뢰도가 높고 많은 학생들을 평가할 수 있으나 평가에서 실제적인 특성을 반영하기가 어렵다.

나) 복합적인 수행과제

수행과제가 복합적인 내용으로 이루어지며, 수행하는 데 시간이 많이 걸린다. 소집단으로 수행하는 경우도 있으며 관찰, 면접 등을 포함한 다양한 종류의 자료를 사용한다. 학생들은 자신들이 사용할 정보를 직접 수집하는 경우가 많고 정보 활용의 적절성을 판단하게 된다. 수일 또는 수주에 걸쳐서 결과물을 만들어 내며, 여러 종류의 기능을 사용하고 여러 교과목의 내용이 통합된다.

　복합적인 과제를 구성하는 방법으로는 ① 교육과정을 검토하고 교과서와 교사용 지도서를 참고하여 적용과 추리 기능을 함양할 수 있는 활동과 과제를 선정하는 것과 ② 동료교사들과 함께 브레인스토밍으로 아이디어를 만들어 내는 방법이 있다. 추리 기능과 의사소통 기술 등 다양한 성과를 포함하며 실제적인 측면과 관련되는 것으로 구성한다. 복합적인 과제의 예로는 각종 탐구활동의 보고서 작성하기, 신문 제작하기, 광고 만들기, 쓰레기 처리 계획하기, 여행 계획하기 등을 들 수 있다.

2) 수행과제의 기술

　구성된 수행과제는 학생들에게 분명히 전달될 수 있도록 구체적으로 기술된다. 수행과제 기술의 목적은 기본적인 수행준거에 맞추어 학생들이 적절한 수행을 하도록 구체적인 수행목록을 제시하거나 수행의 전체 그림을 보여주려는 데 있다. 그러나 과제 기술이 학생에게 배부되는 수행평가지나 수행문제지와 같은 것은 아니다. 수행과제의 기술은 평가될 내용과 평가될 기능, 학생활동을 기술할 뿐 아니라 과제를 수행할 때 받을 수 있는 도움의 종류, 필요한 자원, 과제 시행의 과정, 채점 절차나 기준이 포함될 수 있다.

3) 수행평가지 작성

　기술된 과제에 근거하여 학생들에게 배부할 수행평가지나 수행 문제를 작성한다. 앞서 이루어진 과제 기술의 내용을 학생들이 실제로 활용하도록 바꾸어 작성하는 것이다. 학생들에게 배부되는 수행평가지는 ① 학생들이 최종적으로 수행해야 하는 성과나 결과물이 어떤 것인지 분명히 이해할 수 있도록 기술하여야 한다. ② 수행하는 과정에 학생들이 어떻게 하는지, 허용되는 조건은 무엇인지 알 수 있도록 하여야 한다. ③ 최종 결과물을 평가할 때 사용되는 준거를 설명해 주어야 한다. 학생들은 수행평가지의 수행 문제를 통하여 과제의 의미를 이해하고 좋은 과제 수행을 위해 자신들이 무엇을 어떻게 해야 하는지를 알게 된다.

〈표 3〉 수행과제를 제시한 수행평가지 (예시)

---

1. 곤충의 이름을 아는 대로 써 보세요. 특징이 같은 곤충끼리 함께 묶어 보세요. 짝과 함께 해 보세요.
2. 다음과 같은 특징을 가진 곤충들끼리 다시 묶어 보세요(집에서 볼 수 있는 곤충, 날아 다니는 곤충, 기어 다니는 곤충, 물 위를 나는 곤충, 헤엄치는 곤충).

*책을 보거나 친구들, 어른들에게 물어 볼 수 있습니다.
*곤충들을 분류한 것들 중에 가장 잘된 것을 골라 봅시다.
*분류가 잘된 이유는 무엇인가요? 친구들에게 발표해 봅시다.

*이렇게 평가할 것입니다.
  1. 곤충의 특징을 알고 있는가?
  2. 곤충 분류의 기준을 아는가?
  3. 곤충들을 분류된 무리에 바르게 연결할 수 있는가?
  4. 여러 가지 자료를 모아서 제대로 사용하는가?

Marzano R. J., Pickering, D., & McTighe, J. (1993). *Assessing student outcomes: Performance assessment using the dimensions of learning model. Alexandria*, VA: Association for Supervision and Curriculum Development, p.51.

4) 채점 기준 개발

학생들의 수행을 전문적으로 판단하기 위해 막연한 규칙보다는 수행의 준거가 필요하다. 이러한 평가를 위한 수행 준거는 루브릭 또는 채점 기준으로 나타난다. 루브릭이란 수행의 정도를 나타내기 위해 숫자나 언어로 기술한 것으로서, 평가결과의 신뢰성과 일관성을 유지할 수 있다. 루브릭은 또한 학습자들이 도달하였으면 하고 기대되는 성취 기준을 설명한 지표가 되며, 평가자들이 학생의 작품이나 수행을 어떤 특성에 초점을 맞추어 살펴보아야 하는지, 학습자의 수행 수준이 어느 위치인지를 판단하도록 돕는다. 이러한 루브릭을 포함한 채점 기준표에는 수업 목표와 수행 행동이 반영되어야 한다. 학생들이 목표를 제대로 수행했는지의 증거가 무엇인지를 질문해 봄으로써 채점 기준을 쉽게 작성할 수 있을 것이다.

준거가 확인되면 질적으로 다른 수행의 수준을 판정하기 위해 평정척도가 사용된다. 평정척도란 학습자의 수준을 숫자나 유목의 연속선 위에 나타내는 방법으로써, 학습자의 수준을 유목이나 숫자의 연속선 위에 분류한다. 숫자를 부여하는 평정척도는 점수와 언어적 기술을 함께 사용하는 것(예: 잘함, 보통, 노력이 필요함)이 일반적이며, 점수의 부여가 없이 언어적 기술만을 이용할 수 있다.

일반적으로 수행평가에서는 두 가지의 채점 기법을 활용하는데, 하나는 총체적 기법(holistic scoring)이고, 다른 하나는 분석적 기법(analytic scoring)이다. 총체적 기법은 학생의 수행을 하나의 전체로 보고 전반적인 것에 대해 점수를 주거나 기술하는 것으로, 평가할 대상이 많고, 신속하고도 일관된 채점이 요구될 때 사용된다. 분석적 기법은 학생의 수행이 가진 여러 특성이나 차원에 따라 각각 점수를 할당하는 방법이다. 이 방법은 총체적 기법보다 시간이 더 소요되지만 더 좋은 진단 정보를 제공할 수 있다(McMillan, 1997).

3. 수행평가와 수업

가. 수행평가와 수업 의사결정

수행평가를 사용하기 위해서는 평가와 관련된 교수행동의 변화가 필요하다. 교사는 수업을 계획할 때부터 평가방법을 함께 계획하고 미리 평가방법을 선정하고 준비해서 수업 과정에 적용한다. 즉 평가활동이 수업과 연결되어 통합적으로 이루어진다고 할 수 있다. 평가와 수업 과정에서 교사는 학생 학습을 안내하고 촉진하며, 선택의 기회를 제공하는 역할을 한다. 대안적 평가 과정에서 교사의 평가 행동은 다음과 같은 절차로 실행된다.

1) 제 1 단계

평가의 맥락을 결정한다. 평가 맥락 결정의 예로는 교사가 선호하는 교수 방법이 무엇인가? 학생이 선호하고 필요로 하는 학습 / 평가의 방법은 무엇인가? 평가가 적용되는 내용의 특성은 무엇인가? 등이 있다.

2) 제 2 단계

교수 방법에 적합한 모든 평가 방법을 확인한다. 여러 가지 종류의 평가 방법을 목록으로 작성하고 실행할 수업의 교수 방법에 적합하다고 생각되는 평가 방법에 표시한다.

3) 제 3 단계

평가 방법을 선정한다. 교사들은 여러 가지 종류의 수행평가 방법들을 사용할 수 있도록 자신의 수업에서 쓸 수 있는 다양한 평가 목록을 구비해야 한다. 수업 활동의 요소에 따라 평가 방법을 선정한다. 예를 들면 문제해결 활동은 자기평가, 포트폴리오 평가, 구술평가 등을 포함할 수 있고, 집단 상호작용 활동에서는 활동이 끝난 후 활동 과정에 대해 친구평가나 자기평가를 하도록 하거나 비디오테이프를 사용하여 교사, 자기자신, 친구가 평가할 수 있다. 관찰한 내용에 점수를 매기기 위해 체크리스트나 평정척도를 사용할 수 있으며, 일화기록의 방법을 쓸 수도 있다.

4) 제 4 단계

평가와 함께 수업을 실행한다. 평가와 잘 통합된 수업을 위해 교사는 수업의 준비 과정뿐 아니라 실행 과정에서도 중요한 역할을 실행한다. 학생들의 능동적인 수업 참여와 활발한 학생 간 교류 및 교사 학생 간 상호작용, 학생의 자기 주도적 학습활동이 이루어질 수 있도록 교사가 준비하고 지도한다. 수업의 실행 단계에서 교사가 하는 역할은 다음과 같다. ① 학생이 활발하게 참여하도록 수업전략을 준비한다. ② 학생들이 수업과정에 스스로 의사 결정을 하고 자기반성을 할 수 있도록 충분한 시간을 주어야 한다. ③ 바람직한 기대성과의 예를 보여주는 것도 하나의 방법이다. ④ 자기평가, 친구평가, 포트폴리오 등 학생들이 평가를 제대로 수행하도록 돕는다. 이것은 단순한 평가 활동일 수도 있지만 대부분의 경우 평가와 학습이 병행된다. ⑤ 학생들이 친구들과 긍정적인 상호작용 행동을 발전시키도록 돕는다. 학생들의 자기-조절이나 자기-지시적 학습을 하도록 환류를 제공하고 동기를 부여한다. ⑥ 교사는 학생들과 상호작용하면서 수업을 안내한다. 평가로부터 나오는 정보는 가르칠 내용에 영향을 줄 것이다. 형성적 수업 의사결정에 영향을 주는 것이다.

5) 제 5 단계

평가자료를 점수나 등급으로 바꾸거나 문장 기술의 방법으로 평가결과를 학생이나 학부모에게 알린다. 수행평가에서는 점수나 등급 외에도 다양한 보고 방법들이 사용된다. 평가방법이 다양하기 때문에 그만큼 평가 정보의 질과 양도 확대될 수 있다. 등급 대신에 일화적 기록, 수행표본, 학생 프로파일 등을 사용할 수 있다(Melograno, 1997). 수행평가의 자료를 가지고 학생의 성취, 강점과 약점, 향상 정도에 대해서 보고하기는 객관식 지필검사의 경우보다 훨씬 용이하다.

수업과 통합되어 시행되는 수행평가는 교사의 수업 의사결정에 직접 영향을 미친다. 수행평가가 가져온 수업 변화의 측면을 구체적으로 언급하면, 교사의 수업 계획과 수업 행동, 수업 의사결정 과정을 들 수 있다. 교사의 수업 계획과 수업 행동은 수업의 과제에 초점을 두고 있다(Shavelson, 1983; Shavelson & Stern, 1981). 〈그림 1〉에 나타난 바와 같이 수업 과제는 수업 목적과 목적에 도달하는 수단을 포함한다. 수업 목적에는 인지적인 것, 정의적인 것, 사회적 기능과 가치를 포함하는 즉시적인 목적이 있고, 교과목의 이해 및 교과 문화의 구성이라는 최종적인 목적이 있다. 교과 문화란 사회적으로 형성되는 것으로서 지식의 구성을 도모하며, 학생 개개인의 지식 구성 기여를 존중한다. 수업 수단에는 교과내용, 활동, 자료, 학생의 지식과 동기, 교실맥락이 포함된다.

교사는 수업을 계획할 때 수업 과제를 구성한다. 수업의 흐름을 설정하고, 수업 목적과 수업 수단을 연결시키는 활동들을 선정하고 조직한다. 교사의 수업 계획은 교수에 영향을 미치는 쉐마(schema)에 근거해서 이루어지며, 수업의 쉐마에는 ① 교과목 내용 ② 학생 활동 ③ 교실의 물리적 환경이나 수업 장면을 조성하기 위한 정보가 포함된다(Shavelson & Baxter, 1996).

〈그림 1〉 수업의 요소

수 단	--------〉	목 적	
요 소	---〉	즉각적	최종적
내 용		인지적	교과목
활 동		정서적	문 화
자 료		사회적	
학 생			
맥 락			

  교사는 교실환경에서 학생이 무엇을 배울지와 어떻게 배울지에 대해 의사
결정한다. 교사의 교실 내 의사결정에 대해 학생평가의 결과는 매우 유용하
고 주요한 정보원이 된다. 교사에 의한 교실 내 평가는 의사결정을 돕기 위
해 정보를 수집하고 해석하며 활용하는 것이라고 할 수 있다. 교사가 언제
의사결정을 하느냐에 따라 교실 의사결정은 ① 수업 전 의사결정(수업목표
설정, 수업활동 선정, 학습자료준비, 평가방법계획), ② 수업 중 의사결정
(정보 제시의 속도, 전달방법, 학생 주의집중 유지, 학생행동 통제, 수업계
획 수정), ③ 수업 후 의사결정(학생 학습 평가, 수업 활동 평가, 자기 평
가)으로 구분된다. 〈그림 2〉는 수업의 각 단계에서 평가가 포함되는 방식이
제시되어 있다.

〈그림 2〉 수업과 평가의 관계

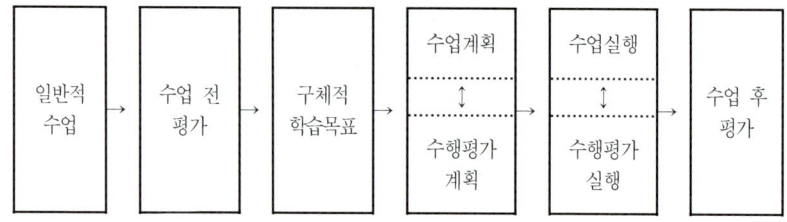

  수업 전 평가의 결과는 일반적 수업목적을 구체적인 수업목표로 전환하기
위한 정보로 활용된다. 교사들은 국가 교육과정에서 제시된 교과목의 일반
적 수업목적을 학생의 발달 정도나 특성, 교사의 교육관에 맞추어 구체적인
수업목표로 전환한다. 수업 전 평가를 통해 교사는 어떤 지식, 기능, 태도
를 학생들에게 제공할지, 수업 단원이 끝날 때 학생들이 무엇을 할 수 있겠
는지를 결정할 수 있다. 수업목표가 정해지면 교사는 수업목표를 달성하기
위한 수업 전략과 활동, 수업 중 실행할 평가 전략을 선정하고 이것은 수업
계획으로 조직된다.

수업 중에는 교사와 학생들 간에 계속적인 상호작용이 이루어지는데 이 과정에 학습 중의 학생의 향상 정도나 학생들이 과제를 수행하는 방식에 대한 평가가 실행된다. 이때 얻어지는 평가정보는 수업에 대한 평가, 학생 향상 정도에 대한 점검, 학습 문제에 대한 진단에 사용된다.

수업이 끝나면 수업목표에 대한 보다 공식적인 평가가 시행된다. 단원 수업 후 또는 학기말에 시행하는 평가결과는 수업 중에 실행한 평가결과와 함께 학생에 대한 평점, 수업 평가, 교육과정과 학교 평가에 정보를 제공한다.

평가는 수업이 끝난 후에 실행되는 것이 아니라 수업의 각 단계에서 계속적으로 이루어지는 것임을 알 수 있다. 그리고 평가는 수업과 교사 의사결정의 모든 측면에 전체적으로 관련되는 것이다. 수행평가는 학생 학습에 관한 더욱 구체적이고 다양한 정보를 제공해 주며, 수업에 관련된 교사의 의사결정에 도움을 준다.

수행평가를 실행하는 수업에서 교사는 수업의 주요 활동이 지식 전달이라는 생각을 버리고, 학생들이 새로운 지식을 구성하고 의미를 만들어 내도록 기회를 제공해야 한다. 교사는 모든 학생의 능력과 기여를 존중하고, 수업에서 학생들이 의미 있는 지식 구성을 하도록 문화를 조성해야 한다. 교사와 학생들은 수업에서 함께 문제를 찾고 논쟁하며 문제해결의 준거를 세우고 대안적 해결책을 구성하는 문화를 만들어 간다. 이런 문화를 조성하기 위해 교사는 담당 교과목의 수업 실행에 숙달해야 하고 학습자들과 함께 문제해결에 참여하는 자발성을 가져야 한다.

나. 수행평가 적용에 따른 수업의 변화

대안적 평가의 절차는 과거의 지필평가와는 상당히 다른 양상을 띠고 있다. 수행평가는 이처럼 평가자체의 변화뿐 아니라 교육과정과 수업의 변화를 촉진시킨다. 수행평가의 사용으로 교수 내용과 교수 방법에 변화가 뒤따르는 것이다. 수행평가를 비롯한 대안적 평가방법들을 사용함으로써 나타날 수 있는 수업 변화의 모습을 다음과 같이 종합할 수 있다.

첫째, 수행평가의 실시로 수업과 평가가 보다 밀접하게 관련되고 통합될 수 있다. 평가나 검사 방식은 학생들에게 학습에서 무엇이 중요한지 알려주며, 학생들은 평가에 대비해서 학습하게 된다. 그러므로 평가는 학생 성취의 기준을 반영해야 한다. 평가는 학생들에게 기대 수준을 알려주며, 교수 학습 실행 모델을 제시하고 환류를 제공함으로써 발달을 유도하고 실행을 촉진한다. 수행평가의 시행은 수업의 과정에서 이루어진다. 교사들은 학생들이 수업 중에 수행하는 과정을 평가할 기회를 가진다. 수행평가에서는 평가의 내용이 실제 상황과 관련될 때가 많으므로 학생들은 학교 밖에서 수행을 준비할 때도 있다. 또 학생들의 수행에 평가의 초점이 주어지므로, 학생들은 자신의 기능을 직접 평가하고 해답에 이르기 위해 사용한 과정을 직접 관찰하고 평가할 기회를 갖는다. 이런 방식의 평가로 더 의미 있고 실제적인 수업이 촉진된다.

둘째, 수행평가의 실행을 위해 교사들은 다양하고 구체적인 성취 준거를 확인하게 된다. 확인된 수행 준거들은 평가 전에 학생들에게 알려져서 학습에 활용된다. 학생들은 자기평가를 통하여 자신의 성취를 평가하는 방법을 배울 수 있다.

셋째, 수행평가는 교사들에게 수업의 목적과 과정을 탐색하도록 동기를 제공한다. 교사들은 수행평가가 수업 과정에 시행되기 때문에 수업의 목적, 수업 실행의 기준을 평가의 기준과 관련지어 주의 깊게 점검하게 된다. 수업시간의 활용방식과 사용할 자원에 대한 검토도 더 면밀하게 이루어진다.

이상에서 검토한 수행평가 도입에 따른 수업의 변화는 '수업과 평가의 통합'이 이루어진다는 것, '학생의 자기-주도적 학습'이 촉진된다는 것, '수업과 평가에 대한 교사의 전문성'이 향상되는 계기를 만들게 된다는 것으로 요약될 수 있다.

수행평가를 실행하기 위해 교사들은 지식 및 지식 구성에 관한 전문적 능력을 구비해야 하며, 수업에서 사용되는 교수 의사소통 방식을 새롭게 습득해야 한다. 수업의 계열성은 학생 탐구에 의해 조직되며, 수업 내용은 구체적 활동으로 구성될 것이다. 교실 활동의 내용, 자료, 계열성, 수업 진행의 속도와 시간 배정에 대한 교사의 결정은 변화할 것이다. 교실의 물리적, 사회적 조직과 운영도 근본적으로 변화할 것이다. 사회적 관계가 없이 책상에 앉아서 개별적으로 공부하고 이해와 암기를 위주로 하던 전형적인 수업 장면은 대폭 줄어들고 과제 지향의 사회적 상호작용과 지식의 구성이 주류를 이룰 것이다. 학생들은 개별적으로 책상에 앉아 공부하기보다 더 큰 작업 공간에서 다른 친구들과 함께 공부하는 시간이 많아질 것이다. 학생들이 서로 상호작용하기 위해 교실 공간의 활용방식이 다양해지고, 여러 종류의 장비 및 자료가 사용될 것이다. Shavelson 등(1991)은 과학 과목의 수행평가 적용연구에서 수행평가의 사용에 따른 수업 환경의 변화를 다음과 같이 예측하고 있다. 첫째, 초등학교 교실에서 주로 사용하는 자료가 교과서 학습에서 실험실 실험으로, 종이와 연필에서 컴퓨터로 바뀔 것이다. 둘째, 학생들은 집단을 이루어 문제를 해결하는 일이 많아질 것이다. 셋째, 교실 훈육의 개념과 규범이 바뀔 것이다. 학생들은 제자리에 정숙하게 앉아서 교사에게 주목하기보다는 과제 수행을 위해 장소를 이동하며 움직이게 될 것이기 때문이다. 넷째, 실험 과정을 기록하는 일이 빈번해질 것이다. 다섯째, 교사들은 학생들이 발견해 내는 다양한 해결책들을 모두 고려하게 될 것이다.

이와 같은 수업환경의 변화는 교사들이 수업계획과 수업시행 중에 하게 되는 의사결정 과정에 반영된다. 그러나 대부분의 교사들에게 이러한 수업관은 아직 익숙하지 않다. 지식 구성을 촉진하고 지원하기 위한 교사의 능력은 미비한 점이 많은 것으로 보고되었다(Shavelson & Baxter, 1996). 수행평가가 제대로 이루어진다면 이러한 새로운 수업관도 제대로 정착될 것이다. 새로운 교수방법은 기존의 학교교육의 영역을 넘어서서 학교교육의 재구조화를 실현할 것이다. 그러나 낙관적인 예견에 앞서 선행되어야 할 조건들이 많다. 획기적인 교사교육과 장학, 정부의 지원에 의한 자료와 시설이 없이는 새로운 수업과 수행평가가 성공적으로 실행되리라는 보장이 없다. 다음 절에서는 수행평가가 성공적으로 정착되기 위해 가장 중요하고 시급한 과제로 여겨지는 교사의 평가 전문성에 대해 논의하고자 한다.

4. 교사의 평가 전문성

수행평가를 적용하는 수업에서는 평가가 수업과 통합적으로 실행되며, 교사들은 수업과정에 지속적으로 학생 성취 및 향상에 대해 판단하고 분석한다. 또 교사들은 평가의 실행뿐만 아니라 평가도구의 제작에도 더 관여하게 되어, 평가에 대한 교사의 전문적 지식과 기술이 매우 중요해졌다. 객관식 지필평가에서는 교사가 평가과정에 적극적으로 관여하지 못하고 소외되었으나 수행평가에서는 교사가 평가의 주체가 된다. 수행평가를 포함한 대안적 평가가 시행된 이후 교실에서의 교사 역할 중에 수업의 50% 정도가 평가에 관련된 활동인 것으로 추정되었을 정도로 수업에서 평가의 비중이 매우 높아졌으나(Stiggins, 1991), 교사의 평가활동을 위한 교육이나 준비활동은 매우 빈약한 것으로 보인다. 교사들은 대학의 교사양성 교육 기간에 평가와 측정에 관한 과목을 이수한 경험이 거의 드문 것으로 조사되었다. 또 교육평가에 대한 과목을 이수하였어도 학교에서 유용하게 사용할 수 있는 평가 전략에 대해 제대로 다루지 못한 경우가 많았다(Schaffer, 1993; Schaffer & Lissitz, 1987; Wise, Lukin & Roos, 1991). 또한 교사들은 스스로의 평가능력을 낮은 것으로 지각하고 있다(Ward, 1980).

교사의 평가능력 함양을 위한 교육 부족 현상은 우리나라의 경우도 마찬가지이다. 초등교사를 양성하는 교육대학교의 '교육평가' 과목은 선택과목으로 개설되기 때문에 일부 학생들에게만 수강된다. 사범대학에서는 '교육과정과 교육평가'라는 과목을 개설하고 있는데 수업이 교육과정 부분에 치중하게 되어 평가에 대한 기본적인 개념이나 원리를 다루겠지만, 수업에 활용할 수 있는 다양한 평가방법에 대해서는 다루지 못하는 경우가 많을 것으로 추정된다.

미국에서는 1990년에 미국 교사 연합(American Federation of Teachers, 1990), 전국 교육 측정 협회(National Council on Measurement in Education), 전국 교육 협회(National Education Association)가 주관하여 교사들의 학생 평가를 위한 기본적인 능력 기준(Standards for Teacher Competence in Educational Assessment of Students)을 개발하였다(AFT, NCME, NEA, 1990). 학생 평가가 교수 활동의 주요한 부분이며, 적절한 평가가 없이는 효과적인 교수가 불가능하다는 점을 전제로 하여 기준을 마련한 것이다. 아래에 제시한 '학생 평가를 위한 교사 능력 기준'은 미국뿐 아니라 어느 나라의 교사이든지 적절한 평가를 위해 기본적으로 갖추어야 하는 평가 능력을 제시하는 것으로 여겨진다. ① 교사는 수업 의사결정에 적절한 평가방법을 선택할 수 있어야 한다. ② 교사는 수업 의사결정에 적절한 평가방법을 개발할 수 있어야 한다. ③ 교사는 외부에서 제작된 평가도구와 자신이 만든 평가도구의 결과를 시행하고 채점하며, 결과를 해석할 수 있어야 한다. ④ 교사는 학생에 대해서, 수업과 교육과정을 계획할 때, 학교 개혁에 대한 의사결정을 할 때, 평가결과를 활용할 수 있어야 한다. ⑤ 교사는 학생평가에 타당한 등급 부여 절차를 개발해서 사용할 수 있어야 한다. ⑥ 교사는 학생, 부모, 일반인, 다른 교사들에게 평가결과를 전달할 수 있어야 한다. ⑦ 교사는 비윤리적인, 비합법적인, 부적절한 평가방법과 평가결과의 사용에 대해 알아야 한다(AFT, NCME, NEA, 1990).

이상과 같은 교사의 평가능력 기준에 의거하여 학생 평가에 관련된 교사의 전문적 역할과 책임의 범위가 제시되었다. 학생 평가에 대한 교사의 전문적 역할과 책임은 수업 전후, 수업 과정, 학교 내외의 여러 교육 영역에서 다양하게 이루어지는 교사활동으로 기술되었다. 교사들은 평가를 제대로 수행하기 위해서 학생 평가의 능력을 가져야 하고, 그것을 실행할 충분한 시간 및 자원을 필요로 함을 전제로 하였다.

객관형 선다형 검사는 교사의 전문적 판단을 배제시킨 채 학생 성취 결과를 평균점수와 등급으로 보고하기 때문에 교사로서는 학생 평가에 최소한의 능력이 필요했다. 반면 수행평가는 학생이 무엇을 할 수 있는지에 대해 구체적으로 실행하는 평가이므로 평가도구의 개발뿐만 아니라 수업 전, 수업 과정, 수업 후에 걸쳐 과거의 선택형 평가보다 훨씬 더 많은 전문적인 평가 지식과 기능을 필요로 한다. 수행평가를 위해 교사는 교과목에 대한 폭넓은 지식, 교수방법에 대한 지식과 기능, 학습이론과 인간 발달에 대한 지식을 가지고 있어야 한다. 교사는 단원계획 과정에서 평가에 관한 완전한 모형을 준비해 두어야 한다.

이와 같이 수행평가를 위해 교사는 전문적인 평가능력을 갖추어야 한다. 교사의 평가 전문성을 함양하기 위해 필요한 여건은 다음과 같다. 첫째, 수행평가에 대한 교사양성 교육과 현직 교육의 기회를 대폭 늘려야 한다. 교사들이 수행평가를 능숙하게 실행할 수 있도록 수행평가의 이론적 근거, 수행평가 도구제작, 수업 중 실행방법 등을 포함하는 평가교육 프로그램을 마련하여 제공한다. 평가교육 프로그램을 통하여 교사들이 수행평가를 교육행정기관의 명령에 의해 어쩔 수 없이 실행하는 것이 아니라 새로운 학습이론과 관련된 중요한 교육개혁의 방법으로 인식하고 수행평가 실행을 위한 다양한 노력을 기울이도록 동기를 부여한다.

둘째, 교사들이 학교 내에서 다른 교사들과 활발하게 교류, 협력하고 학교 밖의 여러 평가관련 자원들과 접촉함으로써 교사들의 수업 / 평가 전문성을 향상시킬 수 있다. 교사들은 학교 내에서 동료교사들과 수업에 관련하여 공동으로 협력할 수 있고, 자신들의 수업에 필요한 적절한 연수를 진행할 수 있다. 학교 내에서 이루어지는 평가 전문성 함양의 노력은 학교 행정가의 수업 개선 의지와 민주적이고 자율적인 학교 운영 풍토의 조성으로 더욱 촉진될 수 있다. 또 교사들은 인근의 교육기관이나 교육관청, 교사단체에서 개최하는 수업에 관한 세미나나 회의에 참석하여 필요한 정보를 습득할 수 있다.

셋째, 교육행정기관은 수행평가를 위해 학교 및 교사에 대해 대폭 지원하여야 한다. 교사가 전적으로 수업과 수업을 위한 준비, 연구에 전념할 수 있도록 학교 수업 환경 개선과 교사 업무 여건 개선이 이루어져야 한다. 지금까지 많이 지적되어 오던 명령 하달식의 행정 방식으로는 교사의 전문성을 기대하기 어렵다. 교육행정은 폐쇄적이고 권위적인 관료제가 아니라 개방적, 효과적으로 자원을 제공하는 지원체제로 변화되어야 한다. 교사가 수행평가와 관련하여 전문적 역할과 책임을 맡게 된다는 것은 곧 교사가 수업과 교육과정에 대해 자율적인 운영과 결정 권한을 갖는다는 것을 의미한다. 자율적인 권한은 없이 전문성만을 강조할 수는 없는 일이다.

넷째, 교육계 내에서 그리고 사회 전체적으로 평가에서의 교사 역할의 중요성이 인식되어야 한다. 학부모들이나 일반인들에게 객관식 검사의 한계와 수행평가의 필요성을 알리고, 교사의 판단이 평가의 중요부분임을 인식시킨다. 교사의 수업과 평가가 상당한 전문적 기능을 필요로 하는 것이며, 교사들이 이런 전문적 영역에 능숙하고, 공정하게 평가한다는 것을 확신시켜야 한다. 그럼으로써 교사들은 확고한 평가관을 가지고 평가할 수 있고, 수업과 평가에 관한 자신의 전문성 함양에 더 열의를 가질 수 있을 것이다.

5. 수행평가의 장점과 문제점 및 개선방안

수행평가는 본질적으로 여러 가지 장점과 함께 단점도 가지고 있다. 여기에서는 우리나라 선행연구들이 제시하는 수행평가의 장점 및 효과와 함께 실시상의 문제점과 개선방안을 검토해 본다.

가. 수행평가의 장점 및 효과

성태제(2000)는 수행평가의 장점으로 ① 고등정신능력을 신장시킬 수 있다는 점, ② 학생들의 변화과정에 대한 자세한 정보를 얻을 수 있다는 점, ③ 개별학습을 촉진시킨다는 점, ④ 학생들의 학습동기에 긍정적인 영향을 미친다는 점, ⑤ 학생들의 협동학습을 고무시킨다는 점, ⑥ 교수·학습 목표와 평가내용을 직접적으로 관련시켜 준다는 점, ⑦ 교사들에게 자율성과 전문성을 신장시킬 수 있다는 점, ⑧ 동료교사들 간의 협력을 증진시킨다는 점, ⑨ 학부모들의 관심과 참여도를 높일 수 있다는 점을 들고 있다.

한국교육과정평가원의 연구(백순근 등, 1999; 허경철 등, 1999)는 수행평가의 실시가 일선 학교 교수학습과 학생의 태도에 미친 결과를 전국 교사들 대상으로 조사하였다. 그 결과 교육목표 실현, 교수학습 방법의 개선에서 긍정적인 변화를 일으켰다고 응답한 교사들이 많았다고 주장하였다. 또한 교사, 학부모, 학생들은 수행평가 실시 이후 학생들의 수업태도가 향상되었다고 응답한 반면에 학업성취도 자체가 향상되는 효과에 대한 인식은 중립적이라고 하였다(김명숙, 2000).

허경철 등(1999a)은 수행평가의 시행 효과에 대한 지각을 질문지 조사를 통하여 조사하였다. 즉 결과활용, 목표구현에 대한 기여, 교육방법 개선에 기여정도, 학생의 변화, 학업성취도 향상에 기여, 수업개선 여부, 교육발전에 기여여부, 확대실시여부, 실시에 대한 반응 등에 대하여 조사하였다. 그 결과, 결과 활용에 있어서 성적 반영, 목표구현에 기여, 교육방법 개선에 기여, 학업성취도 향상에 기여, 수업개선에 기여, 실시에 대한 반응에 대해서는 대체로 긍정적인 반응을 보였으나, 학생의 변화, 교육발전에 기여, 확대실시 여부에 대해서는 반응이 엇갈렸다.

수행평가의 장점과 효과에 대해서 언급한 연구는 많지 않으나 수행평가의 특징들이 장점에 해당될 수 있을 것이다. McMillan(1997)이 제시하고 있는 수행평가의 특징 중 장점과 관련된 것을 몇 가지만 제시하면 다음과 같다. 첫째, 학생이 창조, 구성, 제작하거나 어떤 것을 수행한다는 점이다. 둘째, 학생들이 설명하고 정당화하고 대변할 것을 요구한다는 것이다. 셋째, 중요하고 깊이 있는 사고를 요한다는 것이다.

나. 수행평가의 문제점

성태제(2000)는 수행평가 실시에 장애가 되는 내용에 대한 요인별 분석 결과, 수행평가 실시와 관련된 요인을 가장 어려운 요인으로 인식하고 있다고 하였으며, 다음은 수행평가 과제개발 요인, 행·재정적 지원 요인, 채점기준 설정 요인, 채점 요인, 교수·학습 요인의 순이라고 하였다. 그리고 교사들이 인지하는 가장 큰 장애요인은 학급당 학생 수 과다, 교사의 과중한 행정업무, 채점에 드는 노력과 시간, 수행평가 실시에 드는 노력과 시간, 시설 및 설비 부족, 수행과제 은행 부족, 수행평가 과제개발에 소요되는 노력과 시간, 과제개발을 위한 자료 부족, 채점기준 개발시간과 노력 및 채점기준 개발자료 부족의 순으로 나타났다는 것이다.

허인수(1999b)는 초등학교에서 수행평가 실행상의 문제점에 대하여 ①

담임중심의 평가: 평가기준의 임의 적용, ② 인위적 상황에서 측정: 과거의
실기평가식 수행평가, ③ 지식중심의 결과위주의 평가: 사고과정 및 정의적
영역 평가의 어려움, ④ 한 번에 학생 전체 평가: 개인에 대한 수시평가의
어려움을 들고 있다.

　허경철 등(1999a)은 수행평가 정책의 문제점으로 학생과 학부모, 교사,
기타로 구분하여 다음과 같이 제시하고 있다. 첫째, 학생과 학부모가 제기
하는 문제점으로는 부여되는 수행평가 과제 수와 시행 빈도의 과다, 질적으
로 부적절한 수행평가 과제의 부여, 학생들의 과도한 평가부담, 수행평가
평정결과의 객관성 부족, 수행평가 과제 수행을 위한 시설과 설비 부족과
비용의 문제, 수행평가 반영비율의 부적절성, 수행평가 과제로 인한 개인화
경향이다. 둘째, 교사가 제기하는 문제점으로는 교사 1인당 학생 수의 과
다, 수행평가 채점을 위한 시간과 공간 확보의 어려움, 수행평가 결과에 대
한 학부모의 민원과 경직된 감사, 수많은 교육개혁 과제의 동시다발적인 제
안과 실시, 수행평가 자료의 부족, 수행평가에 대한 교사 연수의 부족, 수
행평가 시행 시기와 절차의 부적절성, 수행평가 과제에서 수행 주체 판별의
난점, 수행평가 과제에 대한 반복 실시의 어려움, 수행평가 결과의 변별도
문제, 수행평가 자료 보관의 어려움, 수행평가 실시로 인한 수업진도의 차
질이다. 셋째, 기타 문제점으로는 교과의 특성이 고려되지 않은 수행평가
도구의 획일성, 기법 위주의 수행평가 정의, 언어능력의 효과, 학습부진아
들의 수행능력, 수준별 교육과정에 적용 문제, 학급담임제에서 평가기준의
임의성 등이다.

　특히 허경철 등(1999a)은 교사들이 학교 교육현장에서 수행평가를 적용
하는 과정에서 겪게 되는 가장 큰 어려움을 분석하였는데, 담당 학생 수의
과다, 사무처리 시간 부족, 개념에 대한 이해 부족, 방법과 절차에 대한 이
해 부족, 참고자료 부족 등의 순이었다.

　김명숙(2000)은 수행평가의 질 관리와 관련된 타당화의 문제로서 다음과

같이 제시하고 있다. 즉, 내용의 범위와 내용 대표성의 문제, 수업과 평가의 연계성, 즉 교수타당도의 문제, 내용의 질과 인지적 복합도의 문제(인지적 타당도의 문제), 신실성과 직접성의 문제, 의미성의 문제, 실용성의 문제, 채점신뢰도의 문제 등이다. (1) 내용의 범위와 내용 대표성의 문제는 수행평가 과제가 평가목표를 대표하지 않는다는 것이다. Wiggins(1989, 김명숙, 2000 재인용)는 단 하나의 과제 수행에 근거하여 학생들의 능력을 평가해서는 안 된다고 하였다. (2) 수업과 평가의 연계성, 즉 교수타당도의 문제는 학생들에게 가르치지도 않은 과제를 제시하여 평가하는 경우는 교수타당도에 크게 위배된다는 것이다(김명숙, 2000). 수업시간에 가르친 내용을 그대로 사용하라는 것이 아니라 배운 내용을 적용해서 해결될 수 있는 과제를 활용하라는 것이다. 학생들의 수준과 교수학습 목적과 단계에 적합한 수준의 인지적 복합도를 확보하여야 한다는 것을 말한다. (3) 내용의 질과 인지적 복합도의 문제(인지적 타당도의 문제)는 고등사고력을 측정한다고 하지만 그렇지 못하다는 것이다. 학생들의 수준과 교수학습 목적과 단계에 적합한 수준의 인지적 복합도를 확보하여야 한다는 것이다. (4) 신실성과 직접성의 문제로서 신실성은 실제 세계에 적용 정도를 의미하는데, 맥락적이고 통합적인 것이어야 한다. 직접성은 직접 측정될 수 있는 것이어야 한다. (5) 의미성의 문제는 평가가 의미가 있으려면 평가 자체가 학생의 학습동기를 부여하고 교사 및 학생에게 교수학습의 방향을 지도할 수 있는 평가가 되어야 한다는 것이다. (6) 실용성의 문제는 교사들이 수행평가를 하면서 진도를 나가기가 어려우므로 대부분 숙제로 처리하는 사례가 많다(김호권, 1999; 김명숙, 2000 재인용)는 것이다. (7) 채점신뢰도의 문제는 대다수의 교사(80% 이상)가 채점기준표를 미리 작성하는 것으로 나타났다(허경철 등, 1999). 이러한 채점기준표가 얼마나 타당하게 만들어져 있는가에 대한 조사는 없다(김명숙, 2000). 수행평가는 탈맥락적인 선다형 검사에 비해 타당도가 상대적으로 높을 가능성이 있는 반면, 문항 수가 적고

채점의 객관성이 떨어지기 때문에 신뢰도는 상대적으로 낮을 가능성이 크다
(남현우, 2000; 김명숙, 2000)는 것 등이다. 위의 문제들은 실제 우리나라
초등학교 현장에서 이루어지고 있는 수행평가의 실행에서도 제기되는 도구
개발의 문제와 상당부분 일치하며, 이러한 도구개발의 난점이 수행평가 도
구의 질을 떨어지게 할 수밖에 없다.

다. 수행평가의 개선방안

　김경자(1999)는 미국에서의 수행평가 사례에 비추어 우리나라 초등학교
수행평가의 구체적인 전략으로서 네 가지를 제시하고 있다. 첫째는 교육과
정에 제시된 각과 교과 내용이 전이력이 보장된 개념적인 것들인지에 대한
재검토가 선행되어야 하며, 둘째, 수행평가가 모든 교과내용에 적용되어야
하는가에 관한 검토가 있어야 하며, 셋째, 수행평가 과제를 현장교사가 개
발하게 할 것이 아니라 연구기관에서 개발하여 제시해야 할 것이며, 넷째,
현장을 다그치기보다 개혁의 속도를 조절하고 지원 전략을 세우는 것이 수
행평가를 현장에 정착시키는 방안이 될 것이라고 하였다.
　허경철 등(1999a)은 학교 현장에서 실시되고 있는 수행평가의 시행과
관련된 요구사항들을 알아보기 위하여 질문지 조사를 실시한 결과, 초등학
교 수행평가의 정착을 위해 개선해야 할 점으로 ① 교사 1인당 학생 수 감
축, ② 수행평가 관련 자료의 개발과 보급, ③ 교사의 자율성 제고, ④ 사
회적 신뢰 회복, ⑤ 감사제도의 개선, ⑥ 연수 강화의 순으로 나타났다. 또
한, 이들은 수행평가와 관련하여 제기되는 문제점을 학생 및 학부모가 제기
하는 문제, 교사가 제기하는 문제, 기타 문제로 구분하여 정리하고 각각의
개선방안을 제시하였는데, 본 연구와 관련된 교사가 제기하는 문제점과 개
선방안으로 ① 교사 1인당 부여되는 학생 수의 과다, ② 수행평가 채점을

위한 시간과 공간의 부족, ③ 수행평가 결과에 대한 학부모의 민원과 경직된 감사, ④ 수많은 교육개혁 과제의 동시다발적 제안과 실시, ⑤ 수행평가 자료의 부족, ⑥ 수행평가에 대한 교사 연수의 부족, ⑦ 수행평가 시행 시기와 절차의 부적절성, ⑧ 수행평가 과제에서 수행 주체 판별의 난점, ⑨ 수행평가 과제에 대한 반복 실시의 어려움, ⑩ 수행평가 결과의 변별도 문제, ⑪ 학생들이 제출한 수행평가 자료 보관의 어려움, ⑫ 수행평가 실시로 인한 수업 진도의 차질 등을 제시하고 있다. 그리고 이들은 연구의 결론에서 수행평가 정책의 현실적 적합성을 높이기 위한 사항으로 학급당 학생 수의 감축, 학교의 시설 현대화, 교사의 잡무 경감, 교과 내용의 축소, 수행평가 결과에 대한 감사 유보, 수행평가 자료의 개발과 보급, 교사의 업무량 축소, 교사의 자율권 확대 등의 실천을 주문하였다.

허경철(1999)은 개인적인 의견으로 수행평가의 정책에 대하여, 정책 내용의 명료성을 확보할 것, 정책의 일관성을 유지할 것, 정책의 적절성을 확보할 것, 정책의 계속성을 확보할 것, 정책 추진의 점진성을 유지할 것을 제언하기도 하였다.

김재춘·소경희(1999)는 수행평가를 도입한 근본이유는 수행 중심의 수업을 실시하도록 유도하는 데 있다고 주장하고, 수행평가를 성공적으로 정착시키기 위해서는 수행중심의 수업과 교육과정 운영이 요청된다고 하면서, 수행평가 정착을 위한 제언으로 ① 교육과정의 탄력적인 운영방안의 구체적인 사례의 개발과 보급, ② 수행평가의 수행과제를 공동으로 제작, 관리, ③ 학교에 따른 융통성 있는 장학 필요, ④ 교육과정, 수업, 평가를 연계시킨 교사 연수 프로그램 개발과 적용을 제시하였다.

김명숙(2000)은 수행평가 질 관리의 부실화에 대한 대안으로서 ① 내용의 범위와 내용 대표성의 확보, ② 수업과 평가의 연계성, 즉 교수타당도의 확보, ③ 내용의 질과 인지적 복합도의 유지(인지적 타당도의 확보), ④ 신실성과 직접성의 문제에 대한 대안, ⑤ 의미성의 문제에 대한 대안, ⑥ 공정성, 실용성, 채점신뢰도의 문제에 대한 대안을 제시하였다. 첫째, 내용의 범위와 내용 대표성을 확보하는 방법은 과제의 수를 늘리거나 내용 범위의 폭을 확보하는 방안이다. 둘째, 수업과 평가의 연계성, 즉 교수타당도를 확보하는 방안으로서, 수업시간에 가르친 내용을 그대로 사용하라는 것이 아니라 배운 내용을 적용해서 해결될 수 있는 과제를 활용하라는 것이다. 셋째, 내용의 질과 인지적 복합도의 유지(인지적 타당도의 확보)인데, 학생들의 수준과 교수학습 목적과 단계에 적합한 수준의 인지적 복합도를 확보하여야 한다는 것이다. 어렵기만 한 문제는 교수학습에 의미가 없으며, 학생의 발달 및 학습수준과 교수학습 진행단계에 알맞은 의미 있는 수준의 난이도를 가진 문제를 부여하여야 한다는 것이다. 넷째, 신실성과 직접성의 문제에 대한 대안이다. 신실성은 실제 세계에 적용 정도를 의미하는데, 맥락화의 정도와 통합화의 정도를 교수학습이 유용하고 의미 있도록 하는 수준에서 조절해야 한다는 것이다. 직접성은 직접 측정될 수 있는 것이어야 하고 구체적인 지침을 주어야 한다는 것이다. 다섯째, 의미성의 문제에 대한 대안이다. 교사들은 수행평가를 하면서 진도를 나가기가 어려우므로 대부분 숙제로 처리하는 사례가 많다는 것이다(김호권, 1999). 따라서 실시상의 문제로서 숙제로 처리하는 문제에 대하여 수업내용을 줄여 '좁게 깊게' 가르치는 전략을 취하도록 정책적 배려를 해야 한다는 것이다(김명숙, 2000, p. 25). 마지막으로 공정성, 실용성, 채점신뢰도의 문제에 대한 대안으로서 교사들은 1인당 학생 수의 감축을 강력하게 요구하고 있다는 것이다(백순근 등, 1999; 허경철 등, 1999).

이상의 선행연구들을 검토해 보면 수행평가에 대한 연구가 상당히 이루어지고 있으나 우리나라에서는 아직 그 효과에 대한 연구는 많지 않은 편이라고 할 수 있다. 또한, 수행평가의 장점이나 효과에도 불구하고 실시상의 많은 문제점이 지적되고 있으며 동시에 그 대안 역시 다양하게 제시되고 있다. 특히, 우리나라 수행평가의 실시에 주는 시사점은 수행평가 정책 수행의 일관성과 함께 수행평가의 질 관리에 보다 많은 관심이 필요하다고 하겠다.

Ⅲ. 초등학교 수행평가에 대한 인식

　이 장에서는 선행연구, 질문지 조사, 참여관찰 및 인터뷰 자료를 바탕으로 연구 참여자들이 초등학교 수행평가의 실태에 대하여 어떻게 인식하고 있는지를 규명하려고 하였다. 선행연구의 결과에 의하면(Jackson, 1968), 학교 교육에 대한 학교 구성원들의 인식, 특히 교사들과 학습자들의 인식이 교육 과정과 학습 결과 및 평가에 중대한 영향을 미친다는 것을 알 수 있다. 따라서 교육평가에 영향을 미치는 이들 교사들과 학생들의 인식을 알아보기 위해서 연구대상학교의 교사들에게 참여관찰과 인터뷰를 실시하였고 질문지 조사 자료를 통해 보강하였으며, 학생들에게는 '수행평가에 대한 개방적 글쓰기'를 실시하여 얻은 자료를 활용하였다. 그리고 학교와 학급에 있는 각종 문서자료 등을 통하여 보충하였다.

1. 교사들의 인식

가. 선행연구의 결과

먼저 수행평가의 실시에 대한 교사들의 인식에 관한 선행연구의 결과를 검토한 결과, 수행평가의 실시가 일선 학교의 교수학습 방법과 학생의 태도 개선에 긍정적인 영향을 미쳤다고 주장하는 연구결과가 있다. 한국교육과정평가원의 연구(백순근 등, 1999; 허경철 등, 1999)에서 교사들은 교육목표 실현, 교수학습 방법의 개선에 긍정적인 변화를 일으켰다고 응답하였으며, 교사, 학부모, 학생들은 수행평가 실시 이후 학생들의 수업태도가 향상되었다고 응답한 반면에 학업성취도 자체가 향상되는 효과에 대한 인식은 중립적이었다는 것이다(김명숙, 2000). 이처럼 수행평가의 실시가 일선 학교의 교수학습 방법과 학생의 태도 개선에 어느 정도 긍정적인 영향을 미쳤다는 것이다(김명숙, 2000).

하지만 수행평가에 대한 교사들의 인식에 있어서 부정적이라는 연구결과도 있다. 허경철 등(1999)의 연구논문 중 '현장 학교 방문 면담 기록지'의 내용을 보면 수행평가에 대한 현장 교사들의 부정적인 입장이 잘 드러나 있다.

> 현재 잘하고 있는 것을 건드리지 말라. 초등학교는 평가 위주의 수업이 아닌 학생 중심, 활동 중심의 수업이 잘 이루어지고 있다. 수행평가라는 것이 새롭게 도입되면서, 지금까지 잘 이루어지고 있는 수업에 지장을 초래하고 있다. (p. 162)

그런가 하면 수행평가에 대한 인식에 있어서 긍정적인 측면과 부정적인 인식을 모두 지적하고 있는 경우도 있다(성태제, 2000; 허경철 등, 1999). 허경철 등(1999)은 수행평가의 시행 실태 분석과 문제점에 대한 연구에서 이러한 양 측면을 잘 지적해 주고 있다.

> 수행평가라는 새 평가제도는 그 기본적인 취지나 의미에 있어서는 대단히
> 바람직한 평가제도로서 우리 교육의 질 향상을 위하여 실천되지 않을 수 없는
> 평가제도였다. 그러나 수행평가에 대한 일선 교사 및 일반 학부모들의 이해가
> 부족하였을 뿐 아니라 수행평가를 실천하는 데 필요한 기본적인 여건이 충분
> 히 마련되지 못한 상황에서 획일적, 급진적으로 도입되었기 때문에 그 시행의
> 과정에서 여러 가지 문제가 많이 발생하였다. (p. 127)

성태제(2000)의 연구에 의하면, 수행평가 실시에 따른 장점에 대하여 초등
학교 교사들은 학생들의 강·약점과 변화과정에 대한 정보제공, 수업과 평가
및 교과내용과 평가의 직접적인 관련성, 교사들의 자율성 허용, 교수학습 목표
의 명료성, 고등사고능력 신장, 교수학습 내용의 정리, 교수학습 방법의 개선
등의 교수적 기능에는 장점이 있다고 인식하는 반면, 학습 동기 유발, 평가 불
안 감소, 교사와 학생 간의 협력관계 형성, 학부모들의 관심과 참여도 증진과
같은 요인에 대해서는 큰 장점이 없는 것으로 인식하고 있다는 것이다.

이처럼 선행연구 논문들의 조사결과는 수행평가에 대한 교사들의 인식이
다양하게 엇갈린다. 즉, 어떤 측면에서는 긍정적으로 인식하나 다른 측면에
서는 부정적으로 인식하고 있다는 것이다.

나. 질적 자료의 분석 결과

다음으로, 그렇다면 초등학교 교사들의 수행평가의 인식에 대한 참여관찰
과 인터뷰 및 질문지 조사 자료의 결과는 어떤가? 여기에서는 초등학교 교
사들의 수행평가에 대한 인식을 좀더 구체적으로 파악하기 위하여 질문지
조사와 참여관찰과 인터뷰 자료 등 질적 자료의 분석을 통하여 미시적인 입

장에서 규명해 보았다.

광주지역의 교사들을 대상으로 실시한 질문지 조사에서 "초등학교에서 수행평가는 필요하다고 생각합니까?"라는 질문에 전체 응답자의 12.2%가 "반드시 필요하다", 78.3%가 "문제는 있으나 필요하다"고 하여 90% 이상이 필요하다고 응답하였다(〈표 4〉 참조). 이러한 결과는 초등학교에서 수행평가는 아직 문제가 있긴 하나 필요하다는 것을 말해 준다.

〈표 4〉 수행평가의 필요성

(단위: %)

사례수	반드시 필요	문제는 있으나 필요	잘 모름	문제 많아 필요치 않음	전혀 필요치 않음	계
230	12.2	78.3	1.3	7.4	.9	100

연구대상학교의 교사들과의 인터뷰에서 "현재 선생님의 학교에서 이루어지는 수행평가에 대하여 어떻게 생각합니까?"라는 연구자의 질문에 "이론적으로 방향은 옳은데, 현실적으로 불가능하다", "지필평가만을 가지고 평가하는 것도 문제가 있지만은 수행평가만을 가지고 평가한다는 것도 문제가 많다." "수행평가는 필요하다고 보이나 아직 여건이 갖추어지지 않았다." "좋은 평가제도이지만 시행상의 문제점이 많아 수행평가는 지금 표류하고 있은 듯싶다" 등으로 응답하였다. 이러한 인터뷰의 결과도 역시 원론적으로는 긍정하나 현실적으로는 부정적인 인식을 하고 있다는 것을 보여 주었다. 한 교사의 글을 소개해 보면 다음과 같다.

  이론적으로 방향은 옳은데, 초등하고 중등하고 다른 것이 초등은 한 교사가 10개 과목을 가르치는데, 그 과목도 대학 같으면 한 과목만 주로 가르치기 때문에 문제가 없는데, 우리 초등학교는 단원이 1학기를 예로 들면 최소 10여 개 단원이 되지요. 그 단원을 그렇게 3시간이면 한 단원이 끝나요. 체육을 예로 들면 공놀이, 매트운동, 뜀틀이 모두 끝나버리는데, 그 과정에서 과정평

가를 한다는 것은 문제가 있지요. 현실적으로 너무 어렵지 않느냐는 말이지요. (4학년 교과전담 남교사)

또한 수업 장면에서 평가하는 모습을 관찰하기 위해 연구대상학교의 수업을 참여 관찰하였다. 그러나 연구기간 동안 수업 중에 평가하는 장면을 발견하기 어려웠다. 본 연구자가 연구 참여 교사들에게 사전에 수행평가 장면을 관찰하기 위해 수업을 참관하고 싶다고 허락을 받은 경우를 제외하고는 일반 수업이 진행되는 동안에 수행평가 장면을 관찰할 기회는 거의 없었다. 즉, 연구대상학교의 대부분의 학급에서는 수행평가 예고제가 시행되고 있었음에도 불구하고 사전 계획대로 수업과정에서 수행평가가 제대로 이루어지지 않고 있었다. 학년별 수행평가계획서에 의하면 월별로 중간 중간에 평가를 실시하도록 되어 있었고 수시로 평가결과를 기록해 두고 있었다. 그렇지만 계획대로 실시하지 않고 과거의 실기평가를 할 때처럼 학기말이 되어서야 비로소 평가를 실시하는 경우가 많이 관찰되었다. 그러나 가끔 수업시간 말미에 간단히 평가를 하거나 혹은 방과 후와 같이 특별한 시간을 설정하여 평가를 하는 학급도 없지는 않았다. 그러나 이러한 경우에도 주로 학기말 방학을 앞두고 학생들의 성적을 산출하는 기간 동안에 집중적으로 이루어졌다. 이처럼 연구대상학교에서 수행평가의 실시 방향은 수립되어 있었으나 제대로 실시되고 있지는 않았다.

이상의 인터뷰와 참여관찰 및 질문지 조사의 결과를 보면, 연구대상학교의 교사들은 수행평가의 실행에 대하여 원론적인 측면에서는 필요하나 실제적인 측면에서는 부정적이고 회의적인 것으로 인식하고 있었다. 그러면 왜 연구대상학교의 교사들이 초등학교의 수행평가에 대하여 원론적인 측면에서는 긍정적으로 인식하나 현실적으로는 회의적으로 보는가?

다. 긍정적이나 부정적으로 인식하는 이유나 원인

먼저, 긍정적인 인식에 대한 원인과 이유를 참여관찰과 인터뷰 및 서술형 질문지 자료를 통해서 확인한 결과 수행평가의 기본 취지나 장점, 과거 지필평가의 단점과 문제점에 대한 보완, 교사들의 적극적인 평가 노력 등에서 찾아볼 수 있었다. 첫째, 인터뷰 결과 원론적인 측면에서 긍정적으로 인식하는 이유는 수행평가의 기본 취지나 장점 때문이라고 할 수 있다. 서술형 질문지 조사결과를 인용해 보면 다음과 같다.

> 말 그대로 아동 개개인의 특성과 개성을 존중한 개별화 평가를 다양하게 실시하여 학생들과 학부모들에게 통지하고 학습 성취에 대해 신뢰를 쌓는다면 수행평가는 아주 좋은 평가방법으로 현장에 안착될 것이다. (20년 경력의 6학년 여교사)

둘째, 과거 지필평가의 단점과 문제점에 대한 보완에서 찾아볼 수 있었다. 인터뷰에 응했던 한 교사는 "과거의 지필평가보다는 지금 하고 있는 것이 훨씬 낫지요. …… 교육상 수행평가가 필요하기 때문에 해야 한다(16년 경력의 5학년 담당 남교사)"는 것이다. 인터뷰에 응했던 또 다른 교사의 말을 인용해 보면 다음과 같다.

> 수행평가는 필요하다고 생각합니다. 학생들이 학습 후 습득한 지식도 중요하지만, 그것을 학습해 가는 과정도 더욱 중요하다고 생각합니다. 물론 지식이나 이해 영역을 측정하는 데는 지필평가도 필요하지만, 실습과정이나 토의과정 등을 측정할 수 있는 수행평가는 필요하다고 생각합니다. (10년 경력의 평가담당 여교사)

셋째, 수행평가의 긍정적인 측면은 교사들의 적극적인 평가 노력에서도 찾아볼 수 있었다. 학기초에 연구대상학교 교사들은 수행평가 도구를 개발하기 위해서 교장이나 교감이 지시하지 않아도 스스로 인터넷 자료를 이용하거나 이웃

선도학교의 평가도구를 활용하기도 하며, 평가를 실시할 때도 자기평가, 상호평가, 집단평가 등 다양한 평가방식을 활용하여 수업과정에서 또는 방과 후에 평가를 실시하는 등 적극적으로 평가하려는 교사들이 많았다(현장 노트).

다음으로, 연구대상학교 교사들의 부정적인 인식의 원인이나 이유는 첫째, 직접적인 이유로서 수행평가 실행상의 형식성, 즉 ① 형식적인 계획 수립 및 추진, ② 도구의 질적 수준 저하, ③ 평정 및 채점의 객관성과 신뢰도 저조, ④ 요식적인 기록 및 관리, ⑤ 결과 활용의 미흡 등이라고 할 수 있다. 둘째, 간접적인 이유는 ① 교사 연수 및 홍보 부족으로 인한 교사들의 수행평가 지식 및 경험 부족과 ② 교사 1인당 학생 수 과다 및 교사의 업무 과다 등으로 인한 평가 실시 시간의 절대 부족이라고 할 수 있다. 이러한 이유들에 대한 자세한 분석은 '수행평가 실시의 문제점'의 장에서 이루어진다.

결국, 연구대상학교의 교사들은 초등학교 수행평가를 기본 취지나 장점 및 과거 지필평가의 문제점에 대한 보완의 측면에서는 필요한 것으로 인식하고 있지만, 수행평가 실행상의 형식성 등과 같은 문제로 인하여 실제적인 측면에서는 회의적으로 인식하고 있는 것으로 볼 수 있다. 수행평가의 구체적인 실태와 문제점의 논의는 다음의 '실상'과 '문제점'의 장에서 이루어질 것이다.

2. 학생들의 인식

그렇다면 학생들은 수행평가에 대하여 어떻게 인식하고 있을까? 지금까지 우리나라에서 수행평가에 대한 학생들의 인식을 조사하여 그 결과를 구체적으로 소개한 연구는 거의 없다. 그러나 허경철 등(1999)은 초등학교 수행평가의 실시에 대하여 교사의 입장에서 학생들의 인식을 조사 분석하였다. 그 결과 교사들은 학생들의 약 17% 정도가 긍정적인 반응을 보였으며, 약 22%가 부정적인 반응을 보였다고 주장하였다. 반면에 학생 자신들은 초등학교 수행평가의 실시에 대하여 약 50% 정도가 만족하고 있는 것으로 보인다고 주장하였다. 이처럼 초등학교 수행평가의 실시에 대한 학생들의 인식은 엇갈리고 있다. 따라서 학생들의 인식을 더 구체적으로 분석해 볼 필요가 있다.

본 연구에서는 수행평가에 대한 학생들의 인식을 알아보기 위하여 이들에게 직접 수행평가에 대한 개방적 글쓰기를 실시하여 그 내용을 분석하였으며, 동시에 교사들과의 면담을 통해서 이들의 반응을 조사하였다. 물론 후자는 연구 결과를 공고히 하기 위하여 사용한 것이다. 전자는 6학년 2개 반 총 58명이 글쓰기에 참가하였다.

큰 주제를 '수행평가에 대하여'라고 제시하고 학생들이 임의로 하위 주제를 정하도록 하였는데, 그 결과는 매우 다양한 주제로 표현되었다. 특징적인 제목들을 보면, '수행평가는 좋다', '수행평가가 편하다', '수행평가는 꼭 있어야 한다', '수행평가는 공부에 도움이 된다'는 반응들이 나왔다. 반면에, '수행평가가 별로다', '수행평가 퇴치하자', '수행평가가 도움이 되는가', '수행평가의 수준을 낮췄으면……', '차라리〔옛날과 같은〕시험을 보는 것이 좋다고 생각한다'는 것 등이 있었다. 제목에서 드러나듯이 연구대상학교의 학생들은 수행평가가 좋다거나 편하다고 인식한 반면에 도움이 되지 않기에 하지 않았으면 좋겠다고 생각하는 경우도 있었다. 이러한 학생들의 글쓰기 내용을 보면 학생들 역시 수행평가에 대하여 긍정적인 인식을 가지고 있는 반면에 부정적인 인식도 가지고 있는 것으로 볼 수 있다.

가. 긍정적 인식

먼저, 학생들의 글쓰기 내용 분석의 결과 연구대상학교의 학생들은 수행평가를 편하고 부담감이 없으며, 공부에서 자신감을 얻을 수 있다는 점에서 긍정적인 인식을 하고 있었다. 첫째, 수행평가에 대한 긍정적인 인식은 이들이 과거에 경험했던 객관식 위주의 지필평가와 대비해 보면 잘 드러난다. 학생들은 수행평가를 편하고 부담감 없는 것으로 인식하고 있었다. 수행평가는 배운 지식을 외워서 써야 하는 암기위주의 객관식 지필평가와는 달리 자유롭게 자기 생각을 표현할 수 있는 평가방식이다. 다음의 6학년 학생들의 글은 지필평가와 수행평가에 대한 학생들의 태도가 어떻게 다른가를 단적으로 보여주고 있다. 즉 "지필평가는 정해진 답을 외워야 하고 시험이 있다 하면 그날부터 공부하지만, 수행평가는 긴장하지 않고 편하게 평소의 자기 생각을 쓸 수 있다"(6학년 남학생 글쓰기), "과거의 학습평가는 고리타분하지만 수행평가는 더 자유롭고 더 즐거워서 그 끔직한 시험이 아닌 것 같기 때문이다"(6학년 여학생 글쓰기), 그리고, "평소에 공부해 둔 사람이 좋은 결과가 나오는 수행평가가 지필평가보다 더 좋다고 생각한다"(6학년 남학생 글쓰기)는 것 등의 반응을 보여주고 있다.

평가방법으로 인한 효과 면에 있어서도 양자 간에는 차이가 있다. 지필평가는 사전에 많은 공부를 해야 하는 반면에 수행평가는 부담이 없는 평가방식이라는 것이다. "지금 실시되고 있는 수행평가는 〔객관식〕 지필평가보다 더 편하고 간편해서 많은 부담이 가지 않는다"(6학년 여학생 글쓰기)는 것이다.

과거의 지필평가는 그동안 학습한 내용들을 모아서 월말고사나 학기말고사로 치르는 반면에 수행평가는 한 단원이 끝나면 바로 보기 때문에 학생들의 학습이나 평가에 대한 부담감이 줄어든다는 점에서도 학생들은 긍정적으로 인식하는 것 같다. 즉, "지금의 수행평가는 아이들의 부담 등을 덜 수 있다. 예전에는 '시험 본다'라고 하면 책을 외우고 전과 등을 외우고 또 외우고 하였다. 하지만 지금의 수행평가는 자신이 보고 듣고 안 것을 바탕으로 하기에 전의 지필평가보다는 좋다고 생각한다"(6학년 남학생 글쓰기). "수행평가는 학습평가[지필평가]보다 더 좋다고 생각한다. 학습평가는 몇 단원이 끝나면 통째로 본다. 하지만 수행평가는 한 단원이 끝나면 본다. 그러면 수행평가를 볼 때 그 단원에 대하여 생각하며 잘 풀 수 있다"(6학년 남학생 글쓰기)는 반응을 보여주었다.

수행평가는 간단하게 치르기 때문에 부담 느끼지 않고 자신감을 갖게 해준다는 점에서도 학생들은 긍정적인 인식을 갖고 있었다. "시험은 긴장되니까 더 스트레스도 훨씬 많이 받기 때문에 공부가 더 싫어지는 역효과를 불러올 수도 있다. 수행평가는 간단하기 때문에 부담 느끼지 않고 잘 나오면 공부가 더 좋아지고 자신감을 느낀다"(6학년 남학생). "지금 실시되고 있는 수행평가는 학습평가보다 더 편하고 간편해서 많은 부담은 가지 않고 있다"(6학년 여학생).

둘째, 수행평가는 수시로 시험을 치르기 때문에 열심히 수업에 참여하고 집중하게 된다는 점에서도 긍정적인 것으로 인식하고 있었다. 즉, "평소에 공부해 둔 사람이 좋은 결과가 나오는 수행평가가 지필평가보다 더 좋다고 생각한다. 그리고 평소의 실력으로 봄으로 부담도 되지 않고 어려움은 없다고 생각한다. 물론 공부에도 도움이 된다. 우선 평소 실력이므로 높은 평가를 받기 위해서는 모든 과목에 노력하고 공부도 열심히 하며 수업시간에도 집중하고 열심히 하게 된다"(6학년 남학생 글쓰기)는 것이다.

과거에 지필평가를 실시할 때 성적이 낮게 나왔던 학생들에게는 수행평가가 더 자신감을 주는 것 같다. 과거의 지필평가는 객관식이 대부분을 차지하고 어느 정도는 점수에 따른 상대평가가 이루어졌기 때문에 학업성적의 우열이 보다 분명히 드러나지만, 최근에 학교 현장에서 실시되고 있는 수행평가는 그 평가기준이 약간 모호하고 평가척도의 단계가 주로 3단계로 이루어지고 있는 실정이어서 과거에 성적이 낮은 학생들에게도 높은 등급을 받을 수 있도록 되어 있어서 그렇다는 것이다. 이러한 내용은 다음과 같은 학생의 글에 잘 나타나 있다.

> 옛날에 학교에서 시험을 볼 때는 한 번에 많이 보고 하니까 시험에서 많이 틀리면 부모님께 혼나고 그랬는데 요즘 들어서 간단하게 쪽지에다가 선생님께서 불러 주시는 문제를 풀고 하니까 내가 별로 못하는 과목 빼고 내가 자신 있는 과목은 더욱 더 자신이 생기고 그런다. 이것을 5학년 때부터 한 것 같은데 3, 4학년 때는 성적이 매우 좋지 않았지만 5학년 들어서 성적도 매우 좋아지고 해서 부모님께서도 칭찬을 아끼지 않으셨다. (6학년 남학생 글쓰기)

다음으로, 수행평가에 대한 학생들의 인식을 교사들과의 인터뷰와 서술형 질문지 조사를 통해서 알아보았다. "선생님께서는 귀 학교나 학급의 학생들이 수행평가를 어떻게 생각하고 있다고 보십니까?"라고 질문을 한 결과, 학생들은 평가로 인한 학습 부담이 적어 과거의 지필평가보다 더 편하고 부담을 느끼지 않아 긍정적으로 생각할 것이라고 응답하였다. 교사들과의 인터뷰와 서술형 질문 자료의 예를 들면 다음과 같다.

> 우리 반 아동들은 아주 편안하고 즐겁게(?) 평가를 치르고 있습니다. 제가 학교에서 제시한 평가는 참고로만 하고 제 나름대로 필요하다고 생각하는 내용을 계속적, 누가적으로 기록하여 평가합니다. (16년 경력의 4학년 담당 여교사)

> 학생들은 총괄평가(지필평가)보다는 수행평가에 시험에 대한 저항감이 덜한 것 같습니다. (10년 경력의 평가담당 여교사)

> 시험에 부담은 크게 느끼지 않고 있다고 봅니다. 처음엔 아이들이 많이 혼란스러워 했으나 이젠 하나의 시험을 본다고 생각하고, 또 채점으로 점수를 매기지 않기 때문에 서로의 경쟁 심리는 많이 완화되었다고 봅니다. 한마디로 아이들이 크게 부

담을 느끼지 않으며 시험에 임하고 있습니다. (3년 경력의 6학년담당 여교사)

요약하면, 연구대상학교의 학생들은 수행평가를 편하고 부담감이 없으며 공부에서 자신감을 얻을 수 있다는 점에서 긍정적인 인식을 하고 있는 것으로 볼 수 있다.

나. 부정적 인식

먼저, 연구대상학교 학생들의 글쓰기 내용을 분석하였다. 그 결과, 수행평가는 위에서 본 바와 같이 긍정적인 측면도 가지고 있지만 동시에 학생들의 공부에 도움이 되지 않는다는 점, 학생들이 중요시하지 않고 노력을 요하지 않는다는 점, 긴장감이나 걱정을 하게 한다는 점 등으로 학생들이 부정적인 인식을 하고 있는 것으로 볼 수 있다.

첫째, 학생들은 수행평가에 대한 잘못된 이해로 인하여 "수행평가는 공부를 하지 않아도 시험을 잘 볼 수 있다"거나, "수행평가는 하나마나하다"라는 등의 수행평가는 공부에 도움이 되지 않는다는 식으로 부정적인 인식을 가지고 있었다.

> 수행평가는 공부에 도움이 되지 않는다. 매일 매일 보면 바로 공부하고 나서 익혀야 하는데 수행평가는 조금 공부하고 쓰고, 말하기만 하면 A+이다. 그러나 지필평가는 마지막에 공부를 많이 해야 한다. 그래서 머리에 쏙 들어가지만, 수행평가는 매일 보니깐 별 도움이 안 된다. (6학년 남학생의 글쓰기)

> 수행평가는 자기의 실력이 때론 안 나올 때도 있다. 학기말 평가는 자기가 알고 있는 그대로를 적었기 때문에 실력은 제대로 나왔다. 수행평가는 예를 들어 음악 가창을 시험 본다면 본래 노래를 못 부르는 사람이면 억울하게 C,

B를 받을 텐데······ 학기말 평가는 실기(가창)가 없어 못 부르는 게 관계가 없다. 그렇기 때문에 나의 생각은 수행평가가 별로 좋지 않다고 생각한다. (6학년 여학생의 글쓰기)

둘째, 그런가 하면 학생들의 글 속에는 학생들의 노력이 들지도 않고 노력을 할 필요도 없다는 점에서 학생들 스스로도 수행평가를 부정적인 평가 방식으로 인식하고 있었다.

내 생각에는 수행평가가 실시된 지가 2년 남짓 되는 것 같은데, 과거의 지필평가가 더 나은 것 같다. 지필평가는 시험 바로 전날에라도 한 학기 간 소홀했던 부분을 벼락치기로라도 할 수 있는데, 수행평가는 우리들의 노력 하나가 가해지지 않는다고 본다. 어느 날 갑자기 느닷없이 '자, 가창 본다!'라고 말하고는 A 받을 수 있는 걸 B- 받았다. 지지리 연습해 놓으니까 느닷없이 그 전 단원 본다는 게 말이나 되는가! 그러므로 수행평가에는 한 치의 노력도 없는 그대로의 실력만을 측정하는 일부러 실력을 낮추려고 만든 제도와도 같다. (6학년 여학생의 글쓰기)

또한 수행평가는 대부분 평가척도를 상, 중, 하 중에서 대부분이 '중'으로 평가되기 때문에 열심히 노력하지 않아도 '중'이나 그 이상을 받을 수 있다고 생각하고 있다는 점과, 학생들은 수행평가를 너무 자주 치르기 때문에 시험에 대하여 중요하게 여기지 않게 된다는 점에서 부정적인 것으로 인식하고 있었다.

수행평가의 문제점도 많을 것이다. 아직도 수행평가 중 지필평가 형식의 평가도 많고 워낙 시도 때도 없고 지필평가에 비해 평가횟수가 너무 많이 늘었기 때문에 별로 중요하게 여기지 않고 못 보면 못 보려니 〔하는〕 식의 사고방식이 많다. (6학년 남학생 글쓰기)

셋째, 수행평가 계획의 사전공개(사전예고제)에 의해서 또는 수행평가도 평가인 이상 역시 긴장과 걱정을 끼친다는 점에서 부정적인 인식을 갖고 있었다. 하나의 글을 소개하면 다음과 같다.

> 수행평가는 미리 연습, 공부하게 해 주지만 별로 도움은 되지 않는다. 괜히 긴장과 걱정만 있을 뿐이다. 그러므로 수행평가는 지필평가보다는 좀더 나은 방법이지만 그렇게 좋진 않은 것 같다. (6학년 여학생 글쓰기)

다음으로, 교사들과의 인터뷰 자료와 서술형 질문지 자료의 내용을 통해서 볼 때 수행평가에 대한 학생들의 인식은 실질적으로 회의적이라는 것을 발견할 수 있었다. 교사들과의 인터뷰 결과, 학생들은 수행평가를 '유익하나 어려운 것', '별로 도움이 되지 않는 것', '신경을 쓰지 않아도 되는 것' 등으로 인식할 것이라고 응답하였다. 이와 관련하여 면담과 질문지 자료를 소개하면 다음과 같다.

> 아동들은 수행평가를 하나의 학습지 정도로만 생각하고 있는 것 같다. 문항이 그렇게 어렵지 않고, 수업 시간에 집중하고 들은 아동이라면 수월하게 문제를 해결한다. 수행평가를 평가로 생각하지 않는 아동이 많다. 기말고사나 중간고사는 시험으로 생각하여 열심히 공부하는 반면 수행평가지를 성적에 반영한다고 해도 기말고사만큼 열심히 공부하는 학생은 드문 것 같다. 초기에는 평가라는 말 자체에 열심히 하는 듯 했지만 요즈음 아이들에겐 수행평가 자체가 학습에 자극제가 되거나 하지 않는 것 같다. (약 4년 경력의 3학년담당 여교사)

> 학생들 또한 받아쓰기평가나 지필평가는 관심이 높고 평가준비를 하면서도 수행평가라고 하면 거의 신경을 쓰지 않아요. 문항 자체도 쉽고 점수도 뚜렷하게 표시해 주지 않으며 점수폭도 애매하고 우선 자기들 사이의 능력이 눈에 보이게 나타나지 않기 때문이죠. (21년 경력의 6학년부장 여교사)

학생들의 참여태도 측면에서 차라리 도입 초기는 시험에 대해 인식이 어느 정도 있었기 때문에 더 열심히 관심 있게 수행평가에 임했다. 그러나 점점 시험이 아닌 하나의 학습과정쯤으로 인식되어 최선을 다하지 않는다. 예를 들어 음악과 리코더 연주 수행평가를 실시하면 반수도 참여하지 않는다. 미술시간 역시 아예 준비물을 가지고 오지 않는 학생들도 많고 수행평가에 전혀 의미를 두지 않는다. 수행평가는 평가가 아니라고 알고 있기 때문이다. (20년 경력의 6학년담당 여교사)

이상을 요약하면, 수행평가는 학생들의 공부에 도움이 되지 않는다는 점, 학생들이 중요시하지 않고 노력을 요하지 않는다는 점, 긴장과 걱정을 하게 한다는 점 등에서 학생들이 부정적인 인식을 하고 있는 것으로 볼 수 있다.

결국, 학생들의 인식을 종합해 보면 연구대상학교의 학생들은 수행평가를 편하고 부담감이 없으며 공부에서 자신감을 얻을 수 있다는 것으로 인식한 반면, 학생들의 공부에 도움이 되지 않는다는 점, 학생들이 중요시하지 않고 노력을 요하지 않는다는 점, 긴장과 걱정을 하게 한다는 점 등으로 인식하고 있었다. 이처럼 연구대상학교의 학생들은 수행평가를 한편으로는 긍정적으로 인식하나 다른 한편으로는 부정적으로 인식하는 것으로 볼 수 있으며, 이것은 교사들의 인식과 거의 일치한다고 볼 수 있다. 결국, 이러한 학생들의 인식은 수행평가의 근본 취지나 방향은 옳은데 실시과정에 문제가 많다는 점을 시사하고 있는 것으로 볼 수 있다.

그러면 학생들로 하여금 수행평가가 긍정적이면서 부정적으로 보이게 한 이유나 원인은 무엇인가? 교사들의 인식과 마찬가지로, 학생들도 그들이 작성한 작문, 교사들과의 인터뷰 자료 및 서술형 질문지의 내용들을 통해서 보면 수행평가의 근본 취지 때문에 긍정적으로 보지만 수행평가 실행 과정상의 형식성 등과 같은 문제점 때문에 부정적으로 인식하고 있음을 알 수 있다. 특히, 이와 같은 수행평가에 대한 학생들의 인식에는 교사들의 인식과 행동 및 실행이 많은 영향을 미쳤다고 할 수 있다. 이러한 이유나 원인에 대해서는 다음 장의 실태와 문제점에서 자세하게 논의될 것이다.

3. 학부모들과 행정가들의 인식

　연구대상초등학교의 수행평가 실시에 대한 행정가들과 학부모들의 인식을 파악하기 위하여 인터뷰와 참여관찰 자료 및 질문지 조사 결과를 분석하였다. 그 결과 초등학교 수행평가의 실시에 대하여 부정적인 인식을 갖고 있음을 알 수 있었다.

　우선, 연구대상학교의 학부모들은 수행평가에는 별로 관심이 없고 부정적인 견해를 가지고 있는 편이었다. 자녀들을 초등학교에 보내는 학부모들은 수행평가에 대하여 별로 관심을 보이지 않았다. 그 이유는 초등학교에서는 중·고등학교와 같이 입시위주의 교육을 하고 있지 않기 때문이다. 그러나 학생평가에 관한 한 자녀들의 공부와 성적에 대하여 수행평가가 별로 도움이 되지 않는다고 하였다. 이에 대하여 학부모의 입장을 잘 대변해 주고 있는 교사의 서술적 질문지의 내용을 예로 들면 다음과 같다.

　　　수행평가에 대해서는 별로 관심이 없는 것 같습니다. 그리고 수행평가만으로 학생들의 성취수준을 측정하다 보니 자녀들의 학력이 어디쯤인지 정확히 알 수 없다는 생각을 하는 것 같습니다. 그래서 몇몇 학부모들은 학교주관의 총괄평가를 실시했으면 하는 생각들을 하는 것 같습니다. 그리고 총괄평가를 실시하지 않으니까 학생들의 학력이 저하된다고 생각하는 것 같습니다. (10년 경력의 평가담당 여교사)

　　　학부모도 수행평가에는 관심이 없다. 눈에 보이는 결과가 나타나지 않기 때문이다. 수행평가에 의한 생활통지표를 가정으로 보내면 답답해 죽겠다는 것이다. 자녀의 성적을 도통 모르겠다는 것이다. 무엇을 잘하는지 어떤 부분의 학습을 더 보충해야 하는지 알 수가 없다는 것이다. 자녀의 창의적인 면이나 소질과 재능은 입시위주의 한국사회에서 차후의 문제란다. (21년 경력의 6학년부장 여교사)

그리고 연구대상학교의 행정가들인 교장과 교감들도 수행평가의 개념 및 실시과정에 대해서는 잘 알지도 못하고 무관심하였다. 우선 연구대상학교의 교장과 교감은 평가 업무를 담당교사에게 모두 맡기고 어떤 방법과 과정으로 평가를 하는지 도무지 관심을 보이지 않았다. 따라서 예전의 지필고사를 실시하던 때와는 달리 학생평가에 대한 계획이나 장부에 대한 관리와 감독도 소홀히 하고 있었다(관찰노트). 연구대상학교의 연구부장은 이에 대하여 다음과 같이 말하고 있다.

교장·교감들은 제출하는 평가보조부의 ○, △ 정도의 기록 유무나 점검할 뿐이지 수행평가의 내용이나 시행상의 과정 등은 알 길이 없다. 감독을 하려고 해도 할 수가 없다. 통제가 되지 않는 부분이 교육과정의 평가 부분이다. 그래서 현장은 계획은 있어도 평가의 결과분석이나 재구성, 피드백은 거의 볼 수 없다. (21년 경력의 6학년부장 여교사)

또한 상급교육행정기관인 교육청에서도 크게 관심을 두지 않고 지원체제도 미흡하였다. 1999년 이후에는 달라졌지만 1998년도까지는 교육청의 장학사들도 초등학교의 수행평가에 대해서는 관리나 감독을 소홀히 하고 있었다. 중·고등학교에 비하여 초등학교에서의 평가는 성적 산출에 있어서 크게 신경을 쓰지 않아도 되었기 때문이다. 행정기관의 장학사들 역시 장학지도 때 일정의 바쁨으로 인해 장부 정리의 확인쯤으로 대신하고 있었다(현장노트). 연구대상학교의 경우, 상급교육청에서 수행평가를 시행하는데 길잡이가 될 만한 자료로 '수행평가의 이론과 실제'라는 자료(장학자료 13, 1997. 12.)를 발간하였다. 물론 수행평가를 이해하고 실제 적용하는 데 길잡이가 된 것도 사실이다. 그러나 이 자료의 활용에 대한 구체적인 연수는 없었다. 인터뷰 결과 교사들도 부분적으로 참고하였으나, 학년별, 교과별로 그리고 교과영역별로 다양한 평가과제를 작성하는 데에는 크게 도움을 받을 수 없다고 하였으며, 주로 다른 학교 자료나 인터넷에서 자료를 구하여 그대로 활용하였다고 응답하였다.

요약하면, 이처럼 학부모들과 행정가들도 초등학교의 수행평가에 대하여 별로 관심을 보이지 않고 있는 것으로 볼 수 있으며, 따라서 초등학교 수행평가의 실시에 대하여 부정적인 인식을 갖고 있음을 알 수 있었다. 결국, 교사들과의 인터뷰와 서술형 질문지 자료 및 학생들이 작성한 작문 등을 통해서 볼 때, 대체로 교사들이나 학생들은 수행평가에 대하여 원론적인 측면에서는 긍정적이나 현실적인 측면에서는 부정적이거나 회의적으로 인식하고 있음을 확인할 수 있었다. 즉, 초등학교 수행평가의 방향은 옳은 반면에 평가의 실시에 있어서는 문제점이 있음을 말해 주고 있다고 할 수 있다. 그러면 왜 부정적이고 회의적인 인식을 하게 되었는가? 다음 장의 실태와 문제점이 그 이유를 밝히기 위한 시도들이다.

Ⅳ. 초등학교 수행평가의 실태

이 장에서는 초등학교 교사들이 수행평가를 어떻게 실시하고 있는지 그 실태를 기술하고자 한다. 일반적으로 초등학교에서 수행평가는 '계획 수립', '도구 제작', '평가 실시', '기록 활용'의 4단계를 거쳐 이루어진다(정일호·김인숙·고재천, 2002). 이러한 과정은 매년 학기별로 반복적으로 이루어진다. 이 연구에서는 연구대상학교에서 실제로 이루어지고 있는 수행평가의 실태를 참여관찰과 면담자료 및 서술형 질문지 조사 자료를 중심으로 기술하되 모든 평가의 과정과 내용을 기술하기보다는 교사들이 수행평가를 실시하는 특징적인 상황이나 행동들에 초점을 두고 기술하고자 한다.

1. 계획 수립

수행평가에서 계획 수립이란 학생들의 학업성취도를 평가하기 위하여 학기초에 학교단위의 평가방침, 추진일정, 평가영역 및 내용 등을 구체적으로 규정하는 것을 말한다. 연구대상학교의 경우에 '학교 교육과정 운영 계획서' 작성이나 별도의 '수행평가 계획서'를 작성하는 것이 그 예가 될 수 있다.

수행평가의 계획은 기존에 실시되어 왔던 지필검사 위주의 일제평가와는 달리 주로 수시평가가 이루어지기 때문에 사전에 철저하게 수립되어야 계획으로서 제 기능을 발휘할 수 있다. 광주지역의 교사들을 대상으로 실시한 질문지 조사(정일호·김인숙·고재천, 2002)에서 "수행평가의 계획을 수립하고 추진할 때 가장 중요하게 고려해야 할 사항은 무엇이라고 생각하십니까?"라는 질문에 전체 응답자의 36.1%가 "수행평가 도구의 수집 및 확보", 33.9%가 "실천가능성의 여부"에, 19.6%가 "효율적인 평가계획서의 작성"에 응답하였다(〈표 5〉 참조). 이러한 결과는 수행평가 계획을 수립하는 데 있어서 평가도구의 마련이나 실천의 가능성 여부, 계획서 자체에 주안점을 두고 있다는 점을 알 수 있다. 즉, 수행평가 실시 초기이기 때문에 도구의 확보와 실행가능성과 같은 철저한 계획 수립에 많은 관심을 두고 있는 것으로 볼 수 있다.

〈표 5〉 수행평가 계획 수립 시 고려 사항 (단위: %)

사례수	효율적인 평가계획서 작성	수행평가 도구의 수집 및 확보	계획에 의한 실천가능성 여부	수행평가 기록부 준비	수행평가를 위한 시간 확보	계
230	19.6	36.1	33.9	1.7	8.7	100

수행평가 계획의 수립은 학교단위 및 학년단위로 이루어진다. 연구대상학교의 경우에 수행평가계획은 학기초에 학교 전체적으로 수립된 뒤 그에 근거하여 학년단위의 계획이 수립되었다. 학교단위의 수행평가 계획은 평가담당자가 주로 전년도의 평가계획서를 참고로 하여 교무, 교감, 교장의 결재를 받아 작성하였다. 학년단위의 수행평가 계획은 학년평가담당자가 학교평가계획을 근거로 작성한 뒤 공람을 거쳐 동 학년에서 공동으로 활용하였다. 연구대상학교에서는 이러한 학년별 평가계획을 '학년별 교육과정운영계획'에

포함시켜 동시에 작성하였다. 또한 학급단위의 수행평가계획은 수립하지 않았으나 실제로 수행평가를 실시하는 경우에는 학교와 학년 수행평가계획을 기준으로 학급 나름대로 수정하여 융통성 있게 평가할 수 있도록 교사에게 자율권을 주고 있었다.

수행평가 계획 수립의 형태도 다양하다. 수행평가 계획 수립의 형태는 전년도 계획을 그대로 활용하는 경우, 타 학교 계획이나 인터넷상의 자료를 활용하여 작성하는 경우, 평가담당교사가 자체 입안하는 경우 등으로 나누어 볼 수 있다. 전년도 계획을 그대로 활용하는 경우에는 그대로 사용하거나 약간 수정을 하여 사용한다. 타 학교 계획을 응용하는 경우에는 학교 실정을 감안하여 수정한 뒤 사용한다. 담당교사가 자체 입안하는 경우는 담당교사가 학교 평가계획을 보고 계획을 수립한 뒤 교장, 교감에게 결재를 얻어 사용하기도 한다. 연구대상학교에서는 대부분의 학급이 전년도 계획을 그대로 활용하였으며, 일부는 인터넷에서 다운받아 약간 수정하거나 그대로 사용하는 경우 등을 찾아볼 수 있었다. 수행평가 계획수립의 형태에 관한 질문지 조사(정일호·김인숙·고재천, 2002) 결과에서 본 바와 같이, 응답자의 36.5%가 '전년도에 계획을 보완하여 수립'하거나 23.5%가 '인터넷 자료를 활용하여 수립'하고 있음을 알 수 있다(〈표 6〉 참조).

〈표 6〉 수행평가 계획 수립 형태 (단위: %)

사례수	전년도 계획 보완 수립	교육청 예시문 참고 수립	결재와 공람을 통해 수립	인터넷자료 활용 수립	동료교사 도움 수립	평가 계획 수립하지 않음	기타	계
230	36.5	9.1	19.6	23.5	6.1	4.3	.9	100

연구대상학교의 수행평가 계획서에는 평가 방침이나 추진 일정이 포함되었을 뿐만 아니라 수행평가의 절차인 평가목적, 도구개발, 실시방법, 결과처리 방법, 유의사항 등에 관한 내용이 포함되어 있었다. 연구대상학교에서 적용

하고 있는 수행평가의 절차와 방법을 소개하면 다음의 〈그림 3〉과 같다.

〈그림 3〉 수행평가의 절차와 방법

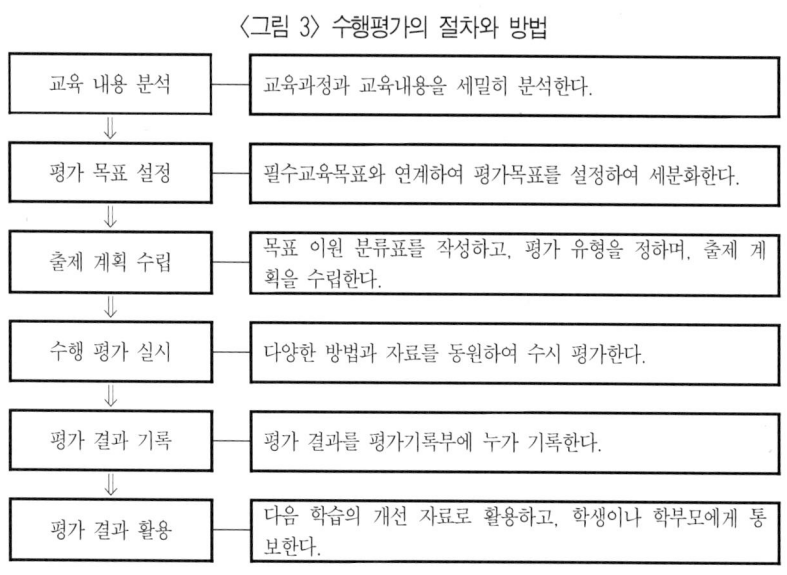

교육 내용 분석	교육과정과 교육내용을 세밀히 분석한다.
평가 목표 설정	필수교육목표와 연계하여 평가목표를 설정하여 세분화한다.
출제 계획 수립	목표 이원 분류표를 작성하고, 평가 유형을 정하며, 출제 계획을 수립한다.
수행 평가 실시	다양한 방법과 자료를 동원하여 수시 평가한다.
평가 결과 기록	평가 결과를 평가기록부에 누가 기록한다.
평가 결과 활용	다음 학습의 개선 자료로 활용하고, 학생이나 학부모에게 통보한다.

이상에서 본 바와 같이 수행평가 계획은 주로 학기초에 평가담당자가 학교단위에서 수립하여 전체 학년과 학급에 지침으로 제시하여 권장하는 방식으로 활용되고 있음을 알 수 있다.

2. 도구 개발

수행평가의 도구 개발이란 학생들의 수행능력을 평가하기 위하여 평가목적 및 목표설정, 성취기준의 설정, 평가방법의 설계, 채점방법의 결정과 같이 평가과제를 제작하는 것을 말한다. 수행평가의 도구 개발과 관련하여 유사한 용어들이 함께 사용되고 있다. 예를 들면, '수행평가계획서', '수행평가과제표', '수행평가척도표', '수행평가기준안' 등이 그것이다. 연구대상학교에서도 수행평가계획서와 수행평가과제표, 수행평가척도표, 수행평가기준안 등에 대한 용어를 구분하지 않고 사용하였다.

수행평가의 도구 개발 절차는 다양하나 대개 평가목적 설정, 평가 영역별 성취기준 설정, 검사방법 결정, 채점기준 작성, 채점방법 결정 등의 순으로 이루어진다. 연구대상학교에서 사용하는 수행평가과제표 양식에 포함된 항목들에는 교과의 단원, 영역, 목표, 평가관점, 수행평가과제(문항), 평가유형, 평가시기, 평가방법 및 유의점, 준비물, 평가내용, 평가기준 및 배점(성취기준) 등이 포함되어 있었다. 이 중에서 특히 평가기준은 서술식으로 진술되어 있고 주로 상(◎), 중(○), 하(△)의 3단계로 배점하게 되어 있었다.

수행평가 과제의 개발 주체도 다양하다. 동 학년 교사들이 공동으로 협력하여 작성하는 경우, 학년부장교사가 단독으로 개발하여 학년에서 공동으로 사용하는 경우, 각 학급별로 교사들이 단독으로 작성하여 사용하는 경우 등이다. 연구대상학교에서 평가 도구는 대부분이 학년에서 공동으로 개발하여 공통적으로 사용하고 있었다.

수행평가 과제의 개발의 형태도 여러 가지이다. 과제 개발의 형태는 먼저 평가도구를 새롭게 개발하거나 또는 작년 평가도구나 혹은 다른 학교의 평가도구를 수정하여 사용하거나 또는 인터넷에서 자료를 구한 뒤 수정하여 사용하는 경우 등 다양하다. 연구대상학교의 경우 대부분의 학년에서 전년도의 평가과제를 활용하되 부분적으로 수정·보완하여 사용하였다. 면담 결과에 의하면, 연구대상학교 3학년의 경우는 학년평가담당교사가 작년 평가도구를 작성일자만 바꾸어 거의 그대로 사용하였다. 연구대상학교 4학년의 경우에는 전년도의 평가 양식을 그대로 활용하였는데, 학년평가담당교사가 인터넷 활용 능력이 뛰어나기 때문에 인터넷에서 검색하여 약간 수정한 뒤에 활용하였다(연구 노트). 그렇지만 평가도구를 직접 개발하여 사용하는 경우는 거의 찾아볼 수 없었다. 연구대상학교에서 수행평가의 목표나 내용의 분석, 또는 평가기준의 작성 등의 일은 거의 찾아볼 수 없었다. 이와 관련하여 서술형 질문지 조사 자료에서는 다음과 같이 표현하고 있다.

> 현장에서는 거의 개발하지 않고 있습니다. 최근에는 교육청 개발 장학자료인 수행평가 자료집에서 다운받아 그대로 사용하고 있는 형편입니다. 거의가 아니라 대부분 그렇게 구입하여 사용하기 때문에 도구 개발 자체의 어려운 점이 무엇인지 알지 못할 것 같습니다. (21년 경력의 6학년부장 여교사)

연구대상학교에서 수행평가의 목표나 내용의 분석, 또는 평가기준의 작성 등의 일은 거의 찾아볼 수 없었다. 교사들이 교육청의 장학자료('수행평가의 이론과 실제')를 활용하여 수행평가 과제를 작성하는 경우도 거의 찾아볼 수 없었다.

연구대상학교에서는 수행평가계획서에 의거 각 학년에 지침을 제시하여 동 학년별로 수행평가 과제를 작성하였다. 이렇게 작성된 학년수행평가과제는 각 학급에서 동시에 사용하게 된다. 물론 실제 실시할 때는 학급에 따라서 과제의 내용, 평가의 시기, 평가유형 등이 달라질 수도 있다. "학교에서 수행평가계획이 나오지만 …… 꼭 그대로 하는 것은 아니죠. 내가 이것을 우리 아이들을 위해서 조금 고쳐서 해야겠다 하면 안 쓰는 경우도 있어요"(8년 경력의 4학년담당 남교사).

수행평가과제표의 양식이 학년에 따라서 달라지기도 한다. 물론 처음에 학교에서 제시하는 수행평가계획서에는 통일된 양식이 제시된다. 그러나 학년별 수행평가계획을 수립하거나 수행평가과제를 작성할 때 교사들이 직접 개발하지 않고 기존의 자료들, 즉 타 학교 자료나 인터넷 등의 자료들을 활용하기 때문에 참고하는 기존 자료의 틀에 따라 달라진다. 따라서 수행평가과제표의 양식이 학년에 따라서 다양해진다. 1"학교에서 수행평가계획이 나오지만 …… 꼭 그대로 하는 것은 아니죠. 내가 이것을 우리 아이들을 위해서 조금 고쳐서 해야겠다 하면 안 쓰는 경우도 있어요"(8년 경력의 4학년담당 남교사).

　이처럼 초등학교에서 수행평가과제의 개발은 절차, 주체, 형태 등에 있어서 다양한 방식으로 이루어지고 있음을 알 수 있다.

3. 평가 실시

　수행평가의 실시란 개발된 평가도구를 활용하여 학생들의 학업성취에 대한 평가 자료를 수집하는 것을 말한다. 구체적으로 말하면 미리 작성된 수행평가과제표를 이용하여 학생들의 학업성취를 평정하거나 채점하고 그 결과를 기록하는 것을 말한다.

　초등학교 수행평가의 실시과정에서 평가를 담당하는 사람은 주로 담임교사와 교과전담교사이다. 연구대상학교의 경우 1, 2학년의 모든 교과와 3학년의 대부분 교과는 담임교사가 수행평가를 담당하였다. 그런가 하면, 3학년 이상의 예체능과 영어 교과의 평가는 교과전담교사가 담당하고 나머지 교과는 담임교사가 담당하였다.

가. 수행평가의 실시 절차

　수행평가의 실시 절차는 준비 및 예고, 검사나 시험, 채점 및 평정, 확인의 단계를 거친다. 수행평가의 준비 단계에서는 평가 실시에 대한 예고를 한다. 참여 관찰한 자료에 의하면 연구대상학교에서는 학기초에 '사전평가예고제'를 실시하고 있었다. 사전평가예고제란 수행평가를 실시하기 전에 평가의 목적, 내용, 방법, 시기, 준비물 등에 대하여 사전에 공개함으로써 학생들로 하여금 미리 대비하게 하는 것을 말한다. 학급에 따라서는 학생들에게 개인별로 유인물을 배부하거나 교실 뒷면에 게시함으로써 공지하였다. 그러나 사전예고제가 시행되고 있음에도 불구하고 많은 학급에서는 평가계획을 사전에 공개하지 않고 갑자기 시험을 치르거나 또는 평가하기 직전에 예고하는 경우도 있었다.

일부 교사들은 예고와 동시에 혹은 예고를 한 이후에 수행평가 검사지를 프린트하여 준비해 둔다. 예를 들면, 서술형 검사를 실시하면 아동의 숫자만큼 문제지를 복사해 준비해 둔다. "학년에서 평가담당교사가 공동으로 인쇄를 의뢰하여 학급으로 분배하여 담임 재량껏 평가를 실시한다"(21년 경력의 6학년부장 여교사)는 것이다. 그런가 하면, 일부 교사들은 미리 준비해 두지 않고 있다가 시험 당일이 되어서야 비로소 '수행평가과제표'에 포함되어 있는 서술형 검사문항을 복사하여 평가를 실시하는 경우도 있다고 하였다.

수행평가에서 검사나 시험은 교사의 평가방식, 과제의 종류나 성격, 평가방법, 준비물 등에 따라 다양하게 실시된다(연구 노트). 연구대상학교의 경우 평가유형에 따라 수시평가 여부도 달라졌다. 관찰법의 경우는 수시평가를 하였지만 서술형 검사, 논술형 검사, 구술법, 실험실기, 포트폴리오 등과 같은 평가에서는 수시평가를 하지 않았다. 예를 들면, 관찰법과 같은 경우에는 수시로 평가하여 누가 기록한 뒤 학기말에 가서 평정을 하였다. 그러나 서술형 검사나 포트폴리오는 수시로 하지 않고 정해진 시기에 1~2회 정도로 평가를 하고 학기말에 가서 평정을 하였다.

수행평가에서 채점 및 평정은 평가방법에 따라 다르다. 연구대상학교에서 수행평가를 실시할 때 서술형 검사나 논술형 검사일 경우에는 시험을 치르고 난 후에 채점이나 평정을 하였다. 관찰법이나 실험실기방법일 경우에는 검사와 동시에 평정을 하였다.

수행평가의 평정 결과는 확인 과정을 거치는데, 아동들에게 공개하는 경우와 비공개하는 경우로 나누어진다. 공개하는 경우는 검사를 실시할 때 채점이나 평정 결과를 알려 준다. 이 경우에 학생들이 이의를 제기하면 다시 검사를 하기도 한다. 비공개하는 경우는 이러한 수행평가 결과가 그대로 기록되어 통지되는 것이 아니라 서술형 문장으로 재구성되며 이 과정에서 참고만 할 뿐이며 따라서 이 검사점수 자체에 큰 의미를 두지 않는다.

나. 수업과의 연계에 따른 수행평가 실시 사례

　수행평가의 실시 형태는 수업과의 연계에 따라 수업과 동시에 이루어지는 평가와 수업과 별도로 이루어지는 평가로 나누어 볼 수 있다.
　첫째, 수업과 동시에 수행평가를 실시하는 경우는 주로 정리단계에서 형성평가로서 이루어졌다. 형성평가가 수업과정 중에 이루어지기 때문에 이때에 수행평가가 실시되었다. 수업장면에서 수업과 동시에 평가가 이루어지는 경우에는 수행평가의 유형 중 관찰법, 실험실습법, 구술 및 토론법, 실기시험 등이 자주 활용되었다(연구 노트). 연구대상학교의 수업장면에서 수행평가를 동시에 실시하는 사례는 체육이나 미술과의 수업에서 찾아볼 수 있었다. 다음은 미술과에 적용된 실기시험법의 평가 사례를 기술해 보고자 한다.
　이 수업은 연구대상학교 4학년 권 교사의 미술과 수업(2000. 12. 18. 5～6교시)으로서 단원은 "12. 붓글씨"이며, 주제는 "'나무'를 판본체로 쓰기"였다. 수업자는 대학원에서 연구자의 지도를 받고 있는 학생이며 수업 참관을 기꺼이 수락하였으며 개인적인 관계 때문에 참관에 대해서 큰 부담감을 느끼는 것 같지는 않았다. 관찰은 의도적 관찰방법에 의해 자료를 수집하였다. 주로 평가가 이루어지는 과정과 교사의 활동, 학생들의 활동, 평가내용, 평가결과의 기록 등에 관심을 두고 관찰하였다. 본 수업은 2시간 연속으로 이루어지는 정규 수업이었고 수업이 이루어지는 과정은 ① 준비하기, ② 도입하기, ③ 전개하기, ④ 정리하기 순으로 진행되었다.

교사와 학생들은 수업이 시작되기 전부터 수업준비로 바빴다. 교사는 교재와 지도서를 교탁 위에 펴놓고, 칠판에 궤도를 걸고, 준비물을 하나씩 확인하였다. 학생들은 4명 1조로 소분단을 만들었다. 그리고 교과서와 준비물들을 책상 위에 내놓았다. 교사가 말을 하지 않아도 서예시간이기 때문에 연습종이를 책상 위에 반듯이 펴놓고 벼루에 물을 붓고 먹을 가는 학생들이 대부분이었다. 나머지 학생들 중에는 짝과 잡담을 하거나 이야기를 나누기도 하였다.

교사가 교탁 앞에 선다. 수업이 도입단계에 들어간 것이다. 지난 시간에 배운 것에 대해서 질문과 대답을 주고받았다. 그리고 교사는 오늘 배울 내용을 말하고 이것을 칠판에 적었다. 교사는 궤도에 있는 'ㄴ', 'ㅏ', 'ㅁ', 'ㅜ'의 글자를 보고 쓰는 방법과 순서에 대해서 하나씩 자세하게 설명을 하고 난 뒤, 주의할 점도 이야기해 주었다. 물론 이때 붓 잡는 법, 먹물 처리하는 법 등도 설명을 하였다.

이때 평가에 대한 언급도 하였다. 오늘은 붓을 사용하는 방법, 자세, 태도 등도 평가하며, 붓글씨를 다 쓰고 난 뒤에는 잘된 작품 1점씩 제출하라고 하였다. 이것으로 태도 평가와 작품에 대한 평가를 하려는 것이다. 평가기준에 대해서는 아무런 설명도 없었다. 물론 교실 앞면 벽에 "오늘의 수행평가"라는 수행평가를 예고하는 게시물이 있었다. 게시물에는 "월, 주, 교과, 영역, 단원, 평가내용, 평가기준, 평가방법 등"이 적혀 있었다. 본 연구자가 확인해 본 결과 오늘 실시하고 있는 서예 평가의 내용은 게시물에 없었다. 실제 실시하고 있는 평가 일시와 사전에 예고된 평가 일시가 일치하지 않는다는 점을 보여주고 있다. 수업이 끝난 후 담임교사에게 일치하지 않은 이유를 물었더니 대부분 평가 시기는 계획대로 이루어지지 않는다고 하였다. 대강 실시하고 있다는 설명이었다. 그냥 학교에서 하라고 하니까 게시해 둔 것뿐이라고 하였다.

그리고 교사는 학생들에게 의문난 점이 있으면 질문을 하라고 한다. 학생들의 반응이 없자 곧바로 개인별로 붓글씨 연습에 들어갔다. 전개단계가 시작된 것이다. 학생들은 연습지에 갈고 있던 먹물을 사용하여 연습을 하기 시작하였다. 교사는 이때 궤간 순시를 하면서 개인별로 지도를 하였다. 학생들의 붓으로 직접 써 주기도 하고, 말로 설명도 한다. 학생들은 연습지를 3~4장 쓰고 난 뒤 새로운 종이에 더 정성을 들여 '나무'를 쓴다. 이 작품을 담임선생님에게 제출하기 위해 더 정성을 드리는 모양이다. 교사는 약 30분 동안 조별로 돌아가면서 계속적으로 지도를 하였다.

마지막으로 교사는 수업시간의 약 20분 정도를 남겨 놓고 평가를 하였다. 정리단계에 접어든 것이다. 교사는 평가보조부인 학급경영부를 들고 다니면서 개인별로 붓글씨 자세나 태도 평가를 실시하였다. 평가가 끝난 뒤에는 모두 다 썼는지 확인하고 가장 잘된 작품 한 점씩을 내도록 하였다. 이것은 교실 뒷면 환경구성을 위한 것이라고 하였다. 그러나 교사에 따라서는 수업시간에 직접 평가하지 않고 개인별로 낙관을 하여 가장 잘된 작품 한 점씩을 내도록 함으로써 수업이 끝난 뒤에 평정을 하는 경우가 허다하였다. 이것은 수합한 뒤 결과로서의 작품에 대한 평가를 하기 위한 것이다.

교사는 학생들에게 뒷정리를 하도록 하였다. 물기가 마르지 않은 벼루는 신문지로 싸고, 붓은 헌 종이에 문질러 물기를 제거하도록 하였다. 학생들은 대부분 개별적으로 뒷정리를 하였다.

이처럼 수업과 동시에 평가가 이루어지는 경우에는 주로 정리 단계에서 평가가 이루어졌다. 그러나 이 경우도 수업과 평가가 동시에 이루어진 것은 사실이나 수업과 평가가 완전히 통합된 것은 아니다. 즉, 수행평가가 아니라 과거의 실기평가 방식의 평가형태에 지나지 않는다. 왜냐하면, 수행평가는 결과도 중요하지만 과정을 중시하며 실제 상황에 기초해야 하기 때문이다. 즉, 수행평가라면 작품을 따로 내도록 하여 평가하는 것이 아니라 붓글씨에 대한 태도평가를 하듯이 연습할 때 붓글씨 쓰는 모습을 직접 보고 평정을 해야 하기 때문이다.

이와 유사하게 연구자는 수업 중에 평가가 동시에 실시된 경우로서 서술형 검사가 도덕과나 국어과 수업의 정리단계에서 실시되는 경우를 관찰할 수 있었다. 이 서술형 검사의 경우, 수업이 마무리되는 정리단계에서 형성평가를 위해 서너 문제의 수행평가과제가 제시되었다(관찰 노트).

수업과 평가는 일치되는 것이 바람직하다(김명숙, 2000). "교수·학습 방법과 목표에 맞는 다양한 평가 유형을 교수·학습이 진행되는 과정에서 실시한다면 평가 과정 자체가 학생의 학습에 도움이 될 수 있으므로 평가의 교육적 활용도를 높일 수 있다"(허인수, 1999a, p.113).

그러나 연구대상학교에서 일반 수업을 하는 경우에는 수업과 동시에 평가가 이루어지는 경우를 발견하기가 상당히 어려웠다. 연구대상학교의 주 정보제공자인 한 교사(8년 경력의 2학년 담당 남교사)는 수업 시간에 진도 나가기에 바빠서 평가결과를 피드백하여 재 지도하기는커녕 수업을 하면서 평가하는 것 자체도 어렵다고 하였다. 학급에 따라서는 수업과 동시에 평가를 실시하지 않는 경우가 흔하게 발견되었다. "다음에 평가할 것이다"라고 말하고 끝내거나 전혀 언급이 없이 끝내는 경우도 관찰되었다(관찰 노트).

수업시간 중에 평가하는 경우에는 교사에 따라 한 시간의 수업시간에 하나의 평가과제를 학급 아동 전체를 대상으로 평가하기도 하지만 일부 학생들만을 대상으로 평가하기도 한다. 연구대상학교에서는 한 시간 동안에 학급 아동 전체를 대상으로 평가하는 경우가 허다하였다. 물론 이 경우는 수업이 제대로 이루어지지 않았고 한 시간 내내 평가만 이루어진다. 그러나 교사에 따라서는 일부 학생들만을 평가하는 경우도 있었다. 예를 들어 학급 아동들이 총 8조로 구성되었다고 하면, 1차시에는 1, 2분단 아동들만 평가하고 다음 2차시에는 3, 4분단 아동들을 평가하며 3차시에는 5, 6분단, 4차시에는 나머지 7, 8분단 아동들을 대상으로 평가를 한다. 이렇게 하다 보면 한 장면에서 동시에 평가가 이루어지지 않기 때문에 평가의 객관성과 공정성을 잃을 수도 있다. 그러나 우리나라의 다인수 학급의 현실을 고려하면 한 시간에 모든 아동들을 대상으로 평가하기에는 무리가 따른다고 하겠다.

둘째, 수업과 별도로 이루어지는 평가는 주로 총괄평가 단계에서 이루어졌다. 연구자의 참여 관찰과 면담 자료에 의하면 연구대상학교에서는 주로 총괄평가에 수행평가 방법을 적용하고 있었다. 수업이 종료된 이후에 총괄평가로서 수행평가가 실시되는 경우에는 서술형 검사, 논술형 검사, 토론법, 실기시험법, 실험실습법, 면접법, 연구보고서법, 포트폴리오법 등이 자주 활용되었다(연구 노트). 참여 관찰과 면담 자료에 의하면, 이들 유형의 수행평가는 전체 아동들을 대상으로 실시하였으며 평가에 시간이 많이 걸리는 경우에 주로 사용하였다. 단원이나 수업이 끝난 이후에 평가만을 위해 별도의 시간을 설정하여 평가하는 사례도 많았다(관찰 노트). 다음으로는 음악과에 적용된 실기시험법의 평가 사례를 간략히 기술해 보고자 한다.

이 수업은 연구대상학교 3학년 조 부장교사의 음악과 수업(2000. 11. 25. 목요일 5교시)이었으며 단원은 '바람'이었고 학습주제는 '즐겁게 함께 부르기'였다. 수업자는 연구자 중의 한 사람과 함께 근무한 경험이 있었기 때문에 수행평가를 하는 모습을 직접 보여 달라는 연구자들의 요청에 대해 기꺼이 수락하였다. 역시 수업관찰은 의도적 관찰방법에 의해 자료를 수집하였다. 주로 평가가 이루어지는 과정과 교사의 활동, 학생들의 활동, 평가 내용, 평가결과의 기록 등에 관심을 두고 관찰하였다. 본 수업은 전형적으로 정상 수업과 별도로 이루어지는 조별 평가를 하는 방식을 보여준 특별수업이었고 수업이 이루어지는 과정은 도입하기, 전개하기, 정리하기 순으로 진행되었다.

먼저 도입하기 단계이다. 교탁 위에는 녹음기가 준비되어 있고, 칠판 위에는 음악 궤도가 걸려 있다. 학생들은 전체 8개 조로 공책도 없이 책만을 펴놓고 교사를 기다리고 있다. 교사가 교탁 앞에 서서 오늘 학습문제에 대한 간단한 소개를 하였다. 오늘은 음악과 수행평가를 하겠다고 하였다. 수업이 끝난 후에 교사에게 "이 수행평가는 수행평가과제표에 포함되어 있는가"를 물었더니 그렇지 않고 오늘 수업공개를 위해서 특별히 실시하기 때문에 교사가 임의대로 선정하여 평가하지만 그 결과는 성적에 반영한다고 하였다. 또한 교사는 수행평가를 실시하되 방법은 분단별 평가를 실시하겠다고 하였다. 조별 평가를 위해서는 평가하기 전에 조편성을 해야 한다. 그러나 조편성은 이미 평상시대로 6명 1조로 편성하기로 교사와 학생 간에 약속이 되어 있었다. 이어서 교사는 평가기준을 간략하게 설명하였다. 여러 사람이 협동해서 불러야 좋은 평가를 받는다고 하였다. 그렇지만 개인이 잘해도 좋은 점수를 준다고 하였다. 교사는 '협동', '노래', '즐겁게' 등을 평가기준으로 제시하였다. 그러나 이 평가기준 역시 수행평가과제표에는 나와 있지 않았다. 교사가 임의대로 정한 것이다. 물론 본 연구자의 요청에 의해 수업과 평가가 이루어졌기 때문에 이틀 전에 예고는 되었다고 하였다.

다음으로 전개하기는 두 단계로 나누어졌다. 첫째 단계는 연습 겸 복습하기 단계였다. 바로 평가를 실시한 것이 아니라 연습 겸 복습을 하였다. 손뼉 치며 노래 부르기, 다른 조가 부를 때 손뼉으로 박자 맞추기 등을 하였다. 잘못 부르는 곳은 부분적으로 교정도 해 주었다. 교사는 직접 오르간을 치면서 노래를 가르치는 것이 아니라 녹음자료를 활용하여 지도하였다. 즉, 학생들에게 녹음기에서 나오는 대로 따라 부르도록 하였다. 조별로 돌아가면서 노래 부르기를 하였다. 8개의 조를 대상으로 1, 3조는 1절을 2, 4조는 2절을 부르는 식으로 8조까지 노래를 함께 부르도록 하였다. 나중에는 서로 바꾸어 부르기를 하였다. 학생들도 평가를 한다고 하니 흥을 돋우어 노래를 부르는 것 같았다. 둘째 단계는 조별로 평가하는 단계였다. 여기서 교사는 상호평가를 실시하였다. 교사는 학생들에게 "어느 분단이 가장 잘했다고 생각하느냐?" 라고 물었다. 많은 학생들은 7분단이라고 하였다. 이때 교사는 평가보조부인 '학급경영부'에 7조 조원들에게 모두 '상(◎)'이라는 점수를 부여하였다. 가장 잘 부르지 못했다고 생각한 한 조에게 '하(△)'를 주었다. 나머지는 '중(○)'으로 평정하였다. 또한, 교사는 개인별로 잘 불렀다고 생각한 몇몇 학생을 '상'으로 고쳐주었다. 또한, 평가를 하는 중에 떠든 학생과 태만한 학생에게는 '태도' 영역의 점수 란에 표시를 해 두었다. 이 경우는 나중에 3단계 평가에서 한 등급 강등을 당한다고 하였다. 이런 방법으로 1시간에 음악과 수행평가의 가창 영역을 평가하였다. 수업의 마지막에 가서는 질문을 하라고 하였지만 이미 자기 점수를 알고 있었기 때문에 질문하는 학생은 없었다. 평가 결과를 공개한 경우에 해당한다.

마지막으로 평가가 끝나고 정리 단계로 접어들었는데, 이 시간 수업에서 제일 노래를 잘 부른 조에게 일어나서 신체 표현을 하면서 노래를 부르도록 하였다. 또한, 약간 시간이 남아서 희망자에게 신체 표현을 하면서 노래를 부르도록 하였다. 그리고는 차시예고를 하는 것으로 수업을 끝맺었다.

이처럼 수업과 별도로 평가를 실시하는 경우에는 수업과 평가가 달리 이루어지기 때문에 수업과 평가가 일치하지 않을 수 있다. 학생들이 배우지 않은 내용을 평가받을 수 있고 이미 모두 배워버린 것을 다시 연습하는 경우도 생길 수 있다. 또한, 별도의 시간을 설정하여 전체 학생들을 대상으로 동시에 평가하기 때문에 채점의 객관성이나 공정성을 확보할 수 있으나 평가를 위한 별도의 시간 편성이 쉽지 않을 수 있다.

다. 평가 방법에 따른 수행평가 실시 사례

그리고 각 교과에 따라서도 주로 사용하는 수행평가의 유형이 달라진다. 광주시내 초등학교 교사들을 대상으로 하여 "교과별로 적용하기에 가장 적절하다고 생각하는 수행평가의 유형은 무엇이라고 생각하십니까?"라는 질문지 조사 결과(〈표 7〉 참조)에 의하면, 교과에 따라 주로 사용하는 수행평가의 유형이 다르다는 사실을 발견하였다. 도덕과에서는 관찰법을, 국어과에서는 논술형을, 수학과에서는 서술형을, 사회과에서는 연구보고서법을, 과학과에서는 실험실습법을, 체육, 음악, 미술, 실과에서는 실기법을, 미술과에서는 포트폴리오법을, 영어과에서는 구술 및 토론법을 주로 사용하는 경향이 있었다.

〈표 7〉 각 교과에 적절한 수행평가 유형(두 가지)　　　(단위: %)

구 분	사례수	서술형 검사	논술형 검사	구술시험 (토론법)	실 기	실험 실습	관찰법	면접법	연구보 고서	포트폴 리오
도덕과	198	14.1	6.6	20.2	1.0	1.0	52.0	2.0		3.0
국어과	187	29.4	40.1	18.2	2.7		3.2	1.1	.5	4.8
수학과	171	46.2	7.0	1.8	21.6	1.8	14.6	1.2	.6	5.3
사회과	175	13.7	14.3	12.0	1.1	2.3	5.7		31.4	19.4
자연과	180	1.7	1.1		11.1	78.3	2.8		4.4	.6
체육과	178			1.7	90.4	1.7	5.6	.6		
음악과	174			.6	94.3	1.1	2.3	.6	1.1	
미술과	181	.6			64.1	1.7	3.3			30.4
실 과	175	1.1	.6	1.1	62.3	24.0	2.3			8.6
영어과	169	6.5		36.1	18.3	.6	27.8	9.5		1.2

　이상의 참여관찰 및 면담결과를 요약해 보면, 초등학교에서 실시되고 있는 수행평가는 과정에 대한 평가에도 관심을 기울이고 있기는 하나 아직도 학생들의 작품만을 평가한다거나 수업이 종료한 이후에 변화된 결과만을 평가하는 등 과거 실기평가 방식의 결과위주 평가가 이루어지고 있음을 알 수 있다.

4. 결과 기록 및 활용

　수행평가의 결과 기록 및 활용이란 수행평가 실시 과정에서 얻은 평정 자료를 '수행평가기록부'나 '학급경영부'에 기록하거나, 평가 결과를 문장으로 서술하여 '학교생활기록부'와 '학교생활통지표'에 기재하여 학부형에게 통지하거나 또는 성적 확인 및 수업개선 자료로 활용하는 것을 말한다.

가. 기록 방법

초등학교에서는 수행평가를 통한 평정 자료나 평가 결과를 어떻게 기록하는가? 평정 자료나 평가 결과를 유지 보관하기 위해서는 여러 가지 기록장부들이 필요하다. 평정 자료나 평가 결과를 기록하는 장부에는 '수행평가기록부', '성적일람표', '학교생활기록부', '학교생활통지표' 등이 있다. 이와 별도로 광주광역시의 경우 1998학년도 이후부터 학교생활기록부의 기재를 전산화하는 작업이 부분적으로 이루어졌으나 현재는 '교무업무 시스템'에 의해서 이루어지고 있다.

먼저, 수행평가기록부는 수행평가의 평정 자료나 평가 결과를 누가 기록해 두는 교사의 개인장부이다. 연구대상학교의 경우 수행평가기록부 대신에 학급경영부를 사용하였고 교사 개인에 따라 '수행평가기록부'(〈표 8〉 참조)를 활용하고 있었다. 이렇게 개인장부를 만들어 사용하는 이유는 학급경영부의 교과학습발달상황의 기록란이 적어 사용하기 불편할 뿐만 아니라 교사가 자유롭게 활용하기 위해서였다. 학급경영부 중에서 수행평가기록부로 활용되는 부분은 바로 '교과학습발달상황' 란이다(〈표 9〉 참조). 여기에는 교과별로 그리고 학생 개인별로 평정 자료나 평가 결과를 기록할 수 있게 되어 있다(〈표 10〉 참조).

〈표 8〉 (체육과) 수행평가기록부 기재 양식 및 사례(예시)

(제 3학년 1반)   담임 ○ ○ ○ (인)

번 호	이 름	멀리뛰기 (철봉)	공몰기 (농구)	방향돌기 (피구)	습관형성 (체조)	종 합
1	한○○	◎	○	◎	○	
2	이○○	○	○	○	○	
3	김○○	◎	○	○	○	
4	홍○○		전	퇴		
…						

※ ◎ 잘함 ○ 보통 △ 노력바람

〈표 9〉 학급경영부의 교과학습발달상황 기재 양식(예시)

도 덕		도 덕					국 어					수 학		...
번호	이름	지식	개인	가정	시민	국가	통일	말하기	듣기	읽기	쓰기	언문	지식	기능	태도	...
1	ㅇㅇㅇ	◎	○	◎	◎	△	○	○	○	△	○	○	◎	○	○	...
															...

〈표 10〉 학급경영부 교과학습발달상황의 종합란 기재 사례(예시)

번호	이름	세부능력 및 특기사항	기타
1	고ㅇㅇ	이유와 근거를 들어가며 자기의 의견을 잘 발표합니다. 수와 연산에 비해 도형, 측도에 대한 이해력이 부족합니다.	
2	김ㅇㅇ	책읽기를 좋아하고 독해능력이 뛰어납니다. 또한, 전통 가락과 리듬에 흥미가 많으며 전통악기 연주도 잘합니다.	
...	....	....	

　교사는 학급경영부에 각종 평정 자료나 평가 결과들을 수시로 기록한다. 예를 들면, 일기장검사 결과, 숙제검사 결과, 수행평가과제 검사 점수 등의 내용을 기록할 수 있게 되어 있다. 평정은 주로 3단계로 하였는데, 상(◎), 중(○), 하(△)로 표기하였다. 이렇게 기록된 평가 자료들은 학기말에 종합적으로 정리하여 학교생활기록부나 학교생활통지표에 기록하게 된다.

　기록방법에 있어서는 수행평가과제에 따라 수시로 평가하여 기록하게 되어 있다. 예를 들어, 수행평가 과제표에 제시된 평가방법이 '관찰법'인 경우에는 관찰한 자료나 평가 결과를 수시로 기록하여야 한다. 그러나 연구대상 학교에서의 관찰 및 면담 결과에 의하면, 교사들은 학급경영부의 '교과학습발달상황' 란에 평가내용을 수시로 기록하지 않고 학기말에 가서 일시에 기록하는 경우가 많았다. 이렇게 하는 이유는 수행평가과제표에 의해 예고된 대로 평가를 실시하지 않았기 때문이며, 편의상 교사가 평소에 생각하고 있었거나 현재의 느낌을 그대로 기록해 버리기 때문이다. "작년까지는 평가보조부에 누가 기록한 다음 학급경영부에 기록했는데 올해부터는 곧바로 학급경영부에 누가 기록하기로 했습니다. 이중일이 되어 번거롭다고 생각했기 때문입니다"(10년 경력의 교과전담 여교사). 따라서 이런 경우 평가는 추상적으로 이루어질 수밖에 없다.

다음으로, 생활통지표와 학교생활기록부의 기재이다. 수행평가의 평정 결과는 학급경영부와 성적일람표에 기록된 내용을 토대로 결재 과정을 거쳐 생활통지표와 학교생활기록부에 서술형 문장으로 기록하게 되어 있다. 생활통지표는 1, 2학기 두 번 작성되어 학부모에게 통지되나(〈표 11〉 생활통지표 기재 사례 참조), '학교생활기록부'는 학년말에 한번 기재되어 50년간 보관된다. 이들 장부의 작성방식은 과거에는 교과별 점수나 평어로 기록하였지만 최근에는 학생들의 발달상황이나 변화 등을 문장으로 기술한다.

〈표 11〉 생활통지표의 교과학습발달상황 기재 사례(예시)

구 분	교과 학습 발달 상황
1학기	책읽기를 좋아하고 독해능력이 뛰어납니다. 또한, 전통 가락과 리듬에 흥미가 많으며 전통악기 연주도 잘합니다.
2학기	…………

연구대상학교 교사들과의 면담 자료에 의하면 연구대상학교의 학교생활기록부의 양식은 전체 교과에 대한 내용을 기술하기에는 교과학습발달상황의 기록란의 기재 공간이 너무 좁다는 것이다. 본 연구제보자들에 의하면 학교생활기록부 양식의 기록 공간이 좁기 때문에 몇 마디밖에 적을 수가 없어서 교과학습활동상황을 충분히 설명할 수 없다는 점을 지적하고 있었다. 역시 생활통지표의 경우에는 학부모들에게 학생들의 학습 상황에 대한 충분한 도움을 줄 수 없다는 지적을 하고 있었다.

또한, 본 연구의 정보제보자들에 따르면 학급경영부나 학교생활기록부에는 긍정적인 측면과 부정적인 측면을 모두 기록할 수 있으나, 학교생활통지표에는 주로 긍정적인 측면을 중심으로 기록하고 있다고 하였다. 이러한 이유는 이것을 받아보는 학부모의 기분과 입장을 고려하여 부정적인 진술을 하지 않으려고 하기 때문이다. 그렇지만 학교생활기록부의 기록도 아동들의 심리적인 측면을 고려하여 가능하면 긍정적인 쪽으로 기록하고 있다고 하였다. 즉, 아동 개인의 인격적인 측면과 50년간 보관되는 장부인 점을 고려하여 수행평가의 부정적인 결과를 그대로 적지 않고 긍정적인 측면만을 기록하는 경향이 많다고 하였다.

이와 관련하여 허경철 등(1999)이 지적한 바에 의하면, 수행평가 결과는 문장으로 서술해서 학생들에게 배포해야 하며, 생활기록부에는 이를 종합하여 교과별로 간단하게 진술해야 하므로 번거로운 점이 있다는 것이다. 그리고 어린 아동들의 심리적인 측면을 고려하여 가능하면 긍정적인 쪽으로 서술해야 하기 때문에 수행평가를 하더라도 그 결과를 정직하게 그대로 적지는 못하고 좋은 방향으로만 평정 결과를 기록하고 있다는 것이다. 이와 관련하여 한 교사의 말을 인용하면 다음과 같다.

> 성적보조부에 일단 기록을 하고 학기말에 그것을 활용한다. 가정통신문에는 수행평가나 아동 평가에 대체적으로 잘한 것만을 올리므로 가정통신문을 보내는 것은 별 효과가 없는 것 같다. (약 4년 경력의 3학년담당 여교사)

> 제조사표에 누가 기록해서 학기말에 학교생활기록부에 작성하고 있습니다. 학교생활기록부에 애매하게 좋은 말만 서술식으로 평가결과를 기록하는 것에는 부정적으로 생각하고 있습니다. …… 또한 평가결과를 생활기록부에 애매모호하게 긍정적으로만 기재하는 데서 본 학교나 학급에서 애매모호하게 이뤄지고 있다고 보기 때문입니다. 평가결과를 어떻게 해야 하는지가 토의되어야 한다고 봅니다. (약 3년 경력의 6학년담당 여교사)

나. 결과 활용

그렇다면 연구대상학교에서는 평가결과를 어떻게 활용하고 있는가? 허인수(1999a)는 평가 결과의 활용에 대하여 '관리적 활용'과 '교육적 활용'의 두 가지 측면으로 구분하고, 초등학교에서의 평가는 교육적 활용보다는 관리적 활용에 더 치중하고 있다는 점을 지적하였다. 여기서 관리적 활용은 성적을 산출하기 위해 장부에 기록하고 통지하는 것을 말하며, 교육적 활용은 교수학습 개선과 인성교육에 활용하는 것을 말한다.

수행평가 결과는 학업성취도 확인, 동기유발, 수업방법 개선, 성적 산출 등에 활용할 수 있다. 수행평가의 활용 목적에 대한 서술형 질문지 조사 자료에 의하면 주로 성적 산출을 위해서 수행평가를 실시한다고 응답한 반면에 학업성취도 확인이나 동기유발 및 수업방법 개선을 위해 사용한다는 응답은 많지 않았다. "성적 산출로 사용하고 있습니다. 왜냐하면 아이들을 평가해서 서술식으로 기술해야 하므로 그 자료로 많이 사용하고 있습니다."(약 3년 경력의 6학년담당 여교사). 이처럼 수행평가 결과를 학업성취도 확인이나 동기유발 및 수업개선에 활용하지 않는 이유는 초등학교 교사들이 수행평가 과제의 개발부터 평가의 실시 단계에 이르기까지 수행평가를 형식적으로 실시하고 있을 뿐만 아니라 수행평가 자체가 이러한 평가 기능을 제대로 수행하지 못하고 있다고 인식하기 때문으로 볼 수 있다. 이에 관한 인용문을 소개하면 다음과 같다.

> 한 명의 선생님이 40~50명의 아동을 매 단원마다 일일이 수행평가를 해보고, 다시 그것을 학업성취도 확인이나 수업 개선 자료로 쓰기에는 문제가 있다. 수행평가 문항이 너무 많고, 학교에서 해야 할 일이 많은 선생님들에게 수행평가가 아동을 위한 동기유발이나 수업 개선 자료로 사용되기보다는 또 하나의 일이나 형식적인 것으로 되고 있는 것 같다. (약 4년 경력의 3학년담당 여교사)

학생평가와 관련하여 현장 교사들의 관심은 학생들의 학업상의 특성을 정확히 파악하고 이를 수업개선자료로 활용하는 데 있다고 하기보다는 평가 결과를 장부에 기록하는 것 자체에 중점을 두고 있는 것으로 볼 수 있다. 다시 말해 초등학교 현장에서 이루어지는 수행평가는 주로 학기말에 학생들의 성적을 산출하여 기록하는 일에 초점이 맞추어져 있다. 따라서 초등학교에서 수행평가는 관리중심으로 기록하고 주로 성적 산출에 활용하고 있음을 알 수 있다.

전체적으로 요약하면, 초등학교에서 수행평가는 계획을 수립하여 추진하며 수행평가 도구를 직접 혹은 간접적으로 개발하여 평가를 실시하고 이 결과를 기록하여 활용하는 것으로 볼 수 있다.

Ⅴ. 초등학교 수행평가 실행의 문제점

 앞에서 참여관찰과 면담, 설문지 조사 및 광범위한 참고자료의 분석을 통하여 초등학교에서 이루어지고 있는 수행평가에 대한 실태를 파악하고자 하였다. 이 장에서는 연구대상학교의 교사와 학생들은 수행평가의 문제점에 대하여 어떻게 인식하고 있는가를 구체적으로 분석해 보고자 한다.

 먼저, 수행평가 실시와 관련된 문제들에 대하여 광주지역 교사들을 대상으로 실시한 질문지 조사 결과를 제시해 보면 다음과 같다. 첫째, "수행평가 도입에 있어서 가장 중요한 문제점은 무엇이라고 생각하십니까?"라는 질문에 전체 응답자의 50.4%가 "학급당 인원수의 과다", 26.1%가 "밀어부치기식 형식적 평가"에 응답하였다(〈표 12〉 참조).

〈표 12〉 수행평가 도입의 문제점

(단위: %)

사례수	밀어부치기식 형식적 평가	학급인원수의 과다	교사들의 이해부족	참고자료 미비	비 고	계
230	26.1	50.4	14.8	8.7		100

 둘째, "수행평가의 계획수립에 있어서 중요한 문제점은 무엇이라고 생각하십니까?"라는 질문에 전체 응답자의 28.3%가 "전문적 지식과 경험 부족"

에, 24.3%가 "수업으로 인한 평가시간의 부족"에, 23.9%가 "잡무로 인한 계획 수립 시간의 부족"에 응답하였다(〈표 13〉 참조).

〈표 13〉 수행평가 계획수립의 문제점

(단위: %)

사례수	전문적 지식과 경험 부족	참고자료의 부족	행정가의 이해부족과 지원 미비	잡무로 인한 계획 수립 시간 부족	수업으로 평가시간의 부족	계
230	28.3	18.7	4.8	23.9	24.3	100

셋째, "수행평가의 도구제작에 있어서 중요한 문제점은 무엇이라고 생각하십니까?"라는 질문에 전체 응답자의 41.0%가 "타당도와 신뢰도 높은 도구제작의 어려움"에, 23.1%가 "도구제작에 대한 지식과 경험의 부족"에 응답하였다(〈표 14〉 참조).

〈표 14〉 수행평가 도구제작의 문제점

(단위: %)

사례수	도구제작의 지식과 경험 부족	타당도와 신뢰도 높은 도구제작 어려움	도구제작에 대한 교사들의 노력 미흡	도구개발을 위한 예시 및 참고자료 부족	도구제작에 많은 시간 소요	계
229	23.1	41.0	14.8	6.6	14.4	100

넷째, "수행평가의 평가 실시에 있어서 중요한 문제점은 무엇이라고 생각하십니까?"라는 질분에 전체 응답자의 27.8%가 "계획서대로 평가하지 않음"에, 23.0%가 "수행평가 담당 인원수 및 내용의 과다"에, 21.3%가 "수행평가 실시에 대한 지원체제 미흡"에, 20.0%가 "수행평가 결과에 대한 신뢰성과 객관성 결여"에 응답하였다(〈표 15〉 참조).

〈표 15〉 수행평가 실시의 문제점　　　　　(단위: %)

사례수	계획대로 평가하지 않음	평가보조 자료가 미비	지원체제 미흡	평가 결과에 대한 신뢰성과 객관성 결여	평가 담당 인원수 및 내용 과다	평가 결과에 대한 사후 지도 미비	기타	계
230	27.8	5.2	21.3	20.0	23.0	2.2	.4	100

다섯째, "수행평가의 결과 활용에 있어서 중요한 문제점은 무엇이라고 생각하십니까?"라는 질문에 전체 응답자의 46.5%가 "수행평가 결과가 다양한 목적에 활용되지 않음"에, 37.3%가 "수행평가 결과를 처리할 시간이 부족"에 응답하였다(〈표 16〉 참조).

〈표 16〉 수행평가 결과활용의 문제점　　　　　(단위: %)

사례수	평가 결과가 다양한 목적에 활용되지 않음	평가 결과를 처리할 시간 부족	평가 결과가 통지표나 학교생활기록부 양식과 다름	계
228	46.5	37.3	16.2	100

여섯째, "수행평가의 행정적인 문제점에 있어서 중요한 것은 무엇이라고 생각하십니까?"라는 질문에 전체 응답자의 40.9%가 "수행평가에 대한 교사 연수 및 연구에 대한 지원 부족"에, 28.7%가 "학급당 인원수의 과다로 평가부담이 많음"에, 22.2%가 "상급기관의 수행평가에 대한 정책 일관성 부족"에 응답하였다(〈표 17〉 참조).

〈표 17〉 수행평가의 행정적인 문제점　　　　　(단위: %)

사례수	정책 일관성 부족	교사연수 및 연구에 지원 부족	인원수의 과다로 평가부담 많음	교사의 자율성과 재량권 부족	행정가들의 평가에 대한 통제 심함	기타	계
230	22.2	40.9	28.7	5.2	2.6	.4	100

다음으로, 교사들과의 인터뷰와 참여관찰을 통해 밝혀진 수행평가의 문제점들은 매우 다양하였다. 즉, 교사들의 부정적 인식, 행정가와 학부모의 관심 부족, 개념에 대한 이해 부족, 기법 위주의 수행평가 정의, 교육당국의 밀어붙임(논리 부족), 학생들의 부정적인 인식(과제 과중), 학부모의 부정적인 인식(교사의 주관성, 기존 평가방법의 등한시 경향), 도구개발의 부실화, 평가 지식과 능력 부족, 도구개발의 많은 시간과 노력이 필요하고 과제 개발의 어려움, 수행평가 자료의 부족, 채점기준 개발의 어려움(많은 시간, 노력이 요구됨), 교사연수의 부족, 획일적인 수행평가 도구, 도구의 타당도와 신뢰도의 문제, 평가기준의 무시(임의 적용), 수업과 평가의 유리, 방법 적용의 획일화(편협성), 평가시간 부족, 업무 과다로 인한 시간 부족, 평가 무시 풍토, 많은 시간과 노력이 소요, 구체적인 지침이 부족, 채점의 어려움, 방법 및 절차에 대한 이해 부족, 수행평가 시행 시기와 절차의 부적절성, 수행평가 시행 빈도의 과다, 평정결과의 객관성 부족, 수행평가 수행을 위한 시설과 설비 부족, 수행평가의 과제물의 의존(수행주체 판별의 어려움), 소집단 공동 점수 부여의 불합리성, 우수아들의 심도 있는 학습 기회 부족, 채점 시간과 공간 부족, 수행평가 과제의 반복 실시의 어려움, 수행평가 결과의 변별도 문제, 수행평가 실시로 인한 수업진도의 차질, 지도할 내용의 과다로 수행평가의 시간확보의 어려움, 수행평가의 공정성과 객관성 확보의 어려움, 교과내용의 부적절성, 학생들의 과도한 학습부담, 기록유지의 형식성, 수행평가기록부와 학급경영부 기록의 형식성, 생활통지표와 학교생활기록부 기재의 추상성, 학업성취도 평가 미약, 평가기능 활용의 미흡(성취도 확인 기능 미흡, 수업개선 환류 기능의 부족), 학부모의 민원과 상부의 감시, 수행평가 자료 보관의 어려움, 학급당 학생 수의 과다, 교사의 과중한 업무 부담, 연수부족, 행정당국의 지원 부족, 행정당국의 체계적인 지원 부족, 열악한 교육환경, 자율성 부족 등이다.

이상의 추출된 문제점들을 연구자의 분석의 편의상 두 가지 영역, 즉 수행평가의 실시상의 문제(① 형식적인 계획수립 및 추진, ② 수행평가 도구의 질 저하, ③ 평정 및 채점의 신뢰도 저하, ④ 지적영역의 기본 학력의 저하, ⑤ 요식적인 기록 관리, ⑥ 평가 결과 활용의 저조)와 수행평가의 수용 및 여건의 문제(① 수행평가의 본질에 대한 이해 부족으로 부정적인 인식 및 태도 형성, ② 수행평가에 대한 교사 연수 및 홍보 부족, 그리고 ③ 학급당 학생 수의 과다, ④ 교사의 업무 과다)로 나누었다.

여기에서는 주로 현장 초등학교에서 중요한 것으로 제기되는 문제점들에 초점을 두고 수행평가의 문제점들을 기술하고자 한다. 여기에서 수행평가에 대한 현상을 기술하는 방법 이외에도 이러한 각각의 현상에 대한 원인과 이면의 구조를 파악하는 일이 필요하나 본 연구에서는 인터뷰와 참여관찰을 통하여 도출된 문제들을 기술하고 이해하는 것으로 그치고자 한다. 왜냐 하면, 본 연구는 겉으로 드러난 현상을 중심으로 현황 파악에 초점을 두고 있기 때문이다. 따라서 각각의 문제점에 대한 심층적인 구조를 파악하는 일은 후속연구로 돌리고자 한다. 즉, 여기에 제시되는 문제점들은 초등학교 현장에서 중요하게 제기되는(연구대상학교에서 드러나는) 수행평가 실시상의 문제점들로서 주로 참여관찰과 면담을 통해 수집한 자료들을 분석하여 정리한 것이다.

1. 수행평가 실시상의 문제

연구대상학교에서 참여관찰과 면담을 통해 밝혀진 초등학교 수행평가 실시상의 대표적인 문제들은 형식적인 계획 수립 및 추진, 평가도구의 질 저하, 평정과 채점의 신뢰도 저하, 지적영역의 기본학력 저하, 요식적인 기록 관리, 결과 활용의 저조 등이라고 할 수 있다.

가. 형식적인 계획수립 및 추진

수행평가 실시상의 첫 번째 문제는 피상적인 계획수립과 추진이다. 초등학교에서 학생들을 대상으로 일 년 동안의 교육을 실시하고 그 효과를 평가하는 것은 매우 중요한 일 중의 하나이다. 평가를 제대로 실시하려면 그 계획부터 체계적이고 철저하게 수립 및 추진되어야 한다. 즉, 평가 목적, 평가 내용, 평가 시기, 평가 방법, 기록 및 통지 방법, 평가 결과 활용 등에 대하여 사전에 계획을 명확히 수립하여 추진하여야 한다.

그러나 연구 참여자들은 수행평가 계획수립 및 추진이 지나치게 형식적으로 이루어지고 있다는 점을 지적하고 있다. 형식적인 계획수립 및 추진은 과거의 계획을 그대로 답습하거나 막연한 계획을 수립하는 것이라고 할 수 있다. 연구 참여자들에 의하면, 학년 초에 수행평가의 계획을 수립하는 데 있어서 글자 하나도 수정하지 않고 지난해의 평가계획을 그대로 답습하거나 다른 학교의 평가계획을 몇 가지 내용만 바꾸어 그대로 실시하는 경우가 있다고 하였다. 또한, 학년 평가 계획이나 학급 평가 계획도 지나치게 추상적이어서 실제 평가를 할 때 적용하기 힘든 경우가 많다고 하였다. 한 교사와의 인터뷰 자료를 소개하면 다음과 같다.

> 분명 장학지도를 위해 학교마다 계획은 수립한다. 평가문항도 예시한다. 하지만 그건 사용되지 않는 형식적인 장부일 뿐이다. 워낙 내용이 다양하고 양이 방대하며 교사에 따라 평가 내용과 영역이 다르기 때문에 활용될 수 없는 그야말로 막연한 계획일 뿐이다. (21년 경력의 6학년부장 여교사)

이처럼 수행평가계획이 형식적이고 비현실적이어서 담임교사가 임의대로 평가하거나 주관적으로 평가를 할 수밖에 없다는 것이다. 예를 들면, 연구대상학교의 경우 1999년부터 수행평가를 실시하면서 사전예고제를 실시하고 있음에도 불구하고 교사가 임의대로 평가해 버리는 경우가 발견되었다. 연구대상학교의 정보제공자의 말을 인용하면 다음과 같다. "가르친 내용과 기능을 그때그때 제가 선정하여 하고 있습니다. 너무 막연하다고 생각될 때도 있고, 일부분만 평가가 되는 것은 아닌지 하는 우려도 있습니다"(16년 교직경력의 4학년 여교사).

나. 평가도구의 질 저하

수행평가 실행의 두 번째 문제는 수행평가 도구개발의 난점에 따른 수행평가 도구의 질 저하이다. 수행평가의 도구개발과 관련된 난점은 여러 가지이다. 김명숙(2000)은 도구개발의 어려운 점은 내용의 범위와 내용 대표성의 문제, 수업과 평가의 연계성, 즉 교수타당도의 문제, 내용의 질과 인지적 복합도의 문제(인지적 타당도의 문제) 등이라고 하였다. 첫째, 내용의 범위와 내용 대표성의 문제는 수행평가 과제가 평가목표를 대표하지 않는다는 것이다. Wiggins(1989)는 단 하나의 과제 수행에 근거하여 학생들의 능력을 평가해서는 안 된다고 하였다. 둘째, 수업과 평가의 연계성, 즉 교수타당도의 문제는 학생들에게 가르치지도 않은 과제를 제시하여 평가하는 경우는 교수타당도에 크게 위배된다는 것이다(김명숙, 2000). 수업시간에 가르친 내용을 그대로 사용하라는 것이 아니라 배운 내용을 적용해서 해결될 수 있는 과제를 활용하라는 것이다. 학생들의 수준과 교수학습 목적과 단계에 적합한 수준의 인지적 복합도를 확보하여야 한다는 것을 말한다. 셋째, 내용의 질과 인지적 복합도의 문제(인지적 타당도의 문제)는 고등사고력을 측정한다고 하지만 그렇지 못하다는 것이다. 학생들의 수준과 교수학습 목적과 단계에 적합한 수준의 인지적 복합도를 확보하여야 한다는 것이다. 이러한 문제들은 실제 우리나라 초등학교 현장에서 이루어지고 있는 수행평가 도구개발의 문제와 상당부분 일치하는 것으로 볼 수 있다. 그리고 이러한 도구개발의 난점이 수행평가 도구의 질을 떨어지게 하는 것으로 볼 수 있다.

그렇다면 구체적으로 현장 초등학교에서 제기되는 수행평가 도구의 질 저하 문제는 무엇인가? 연구대상학교에서의 면담과 참여관찰 결과에 의하면 평가도구의 타당도와 신뢰도 부족(포괄도 낮음), 평가과제의 양 과다, 무분별한 이용 등과 관련된다. 첫째, 평가도구의 포괄도가 저조하다는 것이다. 기존에 실시되었던 객관식 검사 위주의 지필평가와 달리 수행평가에서는 한 학기에 교과 영역별로 1~2문제의 평가과제로 평가하다 보니 포괄도가 낮아진다는 것이다. 모든 학습내용을 평가과제로 작성하여 평가하는 것도 문제이지만 영역별 1~2문제로 교과 전체의 내용을 평가하는 것도 문제가 될 수 있다.

> 교과별로 각 영역에 한두 문항(또는 평가지) 정도를 평가하기 때문에 평가에 단편적이 되거나 어느 한 부분만 평가가 될 수 있습니다. 그래서 그 점을 보완하기 위해서는 과목별로 기본 필수 이수 요소를 중심으로 한 단원평가(지필평가)가 필요하다고 생각합니다. (약 10년 경력의 평가담당 여교사)

둘째, 교사가 개발해야 할 평가 도구의 과제나 문항의 수가 너무 많다는 것이다. 연구대상학교의 경우 학급별로 도구개발을 할 수 있게 되어 있지만 주로 학년별로 공동으로 개발하고 있었다. 하지만 초등학교 교사 1인이 약 40명의 학생들을 평가할 평가과제를 전체 10개의 교과에 대하여 영역별로 1~2문제씩 작성하기란 쉽지 않을 뿐만 아니라 타당도와 신뢰도가 높은 도구를 개발하기란 더더욱 어려운 일이다. 따라서 현재와 같은 우리나라 초등학교의 여건에서는 질적으로 부실한 평가도구를 사용할 수밖에 없다는 것이다(허경철 외, 1999).

> 한 명의 선생님이 40~50명의 아동을 매 단원마다 일일이 수행평가를 해 보고, 다시 그것을 수업개선자료로 쓰기에는 문제가 있다. 수행평가 문항이

너무 많고, 학교에서 해야 할 일이 많은 선생님들에게 수행평가가 아동을 위한 수업개선자료로 사용되기보다는 하나의 일이나 형식적인 것으로 되고 있는 것 같다. (약 4년 경력의 3학년담당 여교사)

셋째, 기존 평가도구의 무분별한 이용을 들 수 있다. 앞의 수행평가의 실제에서 기술된 바와 같이 연구대상학교에서는 대부분 평가도구를 개발할 때 도구개발의 절차에 따라 체계적으로 개발하는 것이 아니라 인터넷이나 타 학교의 도구처럼 주변에서 구하기 쉬운 도구를 약간 수정하여 그대로 이용하고 있었다. 그러다 보니 수행평가도구의 타당도와 신뢰도의 수준은 떨어질 수밖에 없는 것이다.

교사들이 실제 학생들의 특성이나 교육과정에 맞추어 재구성하는 수행평가 개발은 거의 하지 못합니다. 바쁜 업무로 인해 교재 연구를 하지 못하기 때문에 거의 웹상의 자료를 그대로 다운받아 사용하는 형편입니다. …… 현장에서는 거의 개발하지 않습니다. 교육청 개발 장학자료인 수행평가 자료집에서 그대로 사용하고 있는 형편입니다. 거의가 아니라 대부분 그렇게 구입, 사용하기 때문에 도구개발 자체의 어려운 점이 무엇인지 알지 못할 것입니다. …… 다운받아 사용하기 때문에 질 수준조차 가름하지 않고 그대로 사용하는 경우가 대부분일 것입니다. (21년 경력의 6학년부장 여교사)

이처럼 질이 낮은 평가도구를 사용할 수밖에 없는 이유는 무엇인가? 첫째는 교사들의 도구개발의 전문적인 지식과 경험이 부족하기 때문이다. 참여관찰과 면담자료에 의하면, 연구대상학교의 교사들은 수행평가가 도입된 지 얼마 되지 않았기 때문에 제대로 된 연수를 받지도 못하였고, 수행평가 도구를 개발해 본 경험도 없었다는 것이다. 따라서 도구개발의 과정이나 절차도 모른 채 무작정 다른 평가 자료를 보고 그대로 사용하거나 약간 수정하여 사용하고 있는 실정이라는 것이다.

현장교사들의 교재 연구 시간 부족, 평가에 대한 전문적인 내용을 알 수 있는 각종 연수 부족, 교사들의 개발의지 부족 때문이라고 생각합니다. (21년 경력의 6학년부장 여교사)

둘째는 교사들이 평가도구를 개발할 절대적인 시간이 부족하고 노력도 부족하기 때문이다. 초등학교 교사들은 학급담임제이기 때문에 전 교과를 지도해야 하며 쉬는 시간까지도 생활지도를 해야 한다. 따라서 이들은 평가에 투입할 절대적인 시간이 부족하고 노력을 기울일 여력이 없다.

전 학년도에 만들어진 문항들을 그대로 사용하고 있습니다. 그리고 교육과정이 바뀐 학년(3, 4학년)은 이미 개발된 문항들을 구하여 사용하고 있습니다. 평가문항을 교사가 학기초에 개발하기란 너무 바빠서 어렵습니다. 저는 평가문항의 개발이 중요한 것이 아니라 그것을 각 담임들이 수업 현장에서 어떻게 적용하느냐가 중요하다고 생각합니다. (약 10년 경력의 평가담당 여교사)

셋째는 수행평가 관련 참고자료의 부족을 들 수 있다. 수행평가 도구를 개발하기 위해서는 기존의 참고자료가 필요하다. 경험이 많지 않은 교사들이 자료도 없이 평가과제를 직접 작성하기란 쉽지 않다. 이러한 자료가 부족하기 때문에 평가도구를 새로 개발하는 데에는 어려움을 겪으며 도구의 질적 수준을 저하시키는 원인이 된다. 위에서 언급한 평가도구의 질 저하이유를 포괄적으로 시사하고 있는 한 교사의 말을 인용해 본다.

수행평가 계획을 작성할 때 참고할 교수자료가 부족하며, 문항 작성과 실시에 시간이 많이 들고, 수행평가를 위한 시간 확보가 어렵다. 수행평가 문항 작성을 위한 참고자료가 다양하게 확보되어야 하며, 교육과정 운영상에 수행평가 실시를 위한 시간확보가 있었으면 좋겠다. (약 3년 경력의 4학년 여교사)

다. 평정 및 채점의 객관성과 신뢰도 저조

수행평가 실행의 세 번째 문제는 수행평가의 평정 및 채점의 난점과 이로 인한 평가 결과의 객관성과 신뢰도 저조의 문제이다. 구체적으로 보면 사전 준비 부족으로 평정 및 채점의 신뢰도 저조, 수행평가 결과의 객관성 부족, 평가 결과의 변별도와 학부모들의 평가 결과에 대한 신뢰 부족 등이다.

첫째, 사전준비가 부족한 상태에서 평가를 실시함으로써 평가의 신뢰도가 떨어진다는 것이다. 교사들이 평가를 실시하기 전에 평가도구나 준비물을 충분히 갖춘 뒤 평가를 실시해야 한다. 그러나 사전준비 없이 갑작스럽게 평가를 실시한다거나 수시로 평가하여 그 결과를 기록해 두지 않고 학기말 에 가서야 일시에 평가하는 수가 있다. 또는 교육과정을 모두 배운 다음에 수업과 관계없이 다시 평가하는 경우가 있다. 이럴 경우 수행평가 과제에 대한 반복 실시의 어려움(허경철, 1999) 때문에 평가의 신뢰성이 떨어지 고, 교수학습 시간의 낭비를 초래하며 인위적인 상황에서 평가를 하게 되어 수행평가의 본질을 벗어날 수가 있게 된다(허인수, 1999b). 이러한 상황을 잘 설명해 주고 있는 인터뷰 자료를 인용하면 다음과 같다.

> 교과 진도에 따라 실시되어야 할 수행평가가 시간이 없어 적시에 하지 못하고 학기말이 다가오면 한꺼번에 실시되고 있습니다. (19년 교직경력의 1학년 담당 여교사).

> 학교 현장에서는 수행평가가 제대로 이루어지지 않는 것 같다. 수업양이 많고, 각종 업무에 치우쳐 거의 모든 시간에 걸쳐서 해야 하는 수행평가를 하기에 많은 어려움이 있다. 꼭 필요한 단원의 수행평가지도 학기말에 한꺼번에 하는 경우가 많은 것으로 알고 있다. (교직경력 약 4년의 3학년담당 여교사).

둘째, 수행평가 평정 결과가 객관성이 부족하다는 점이다(허경철 등, 1999).

수행평가는 선택형 위주의 지필검사보다 결과를 판정하는 데 있어서 교사의 주관이 개입될 여지가 많다. 특히 수행평가는 구성적 반응에 따른 개방적 답안 작성으로 인하여 교사의 주관적 판단의 가능성이 높아진다. 이러한 점 때문에 학부모들과 학생들로부터 불신을 초래한 가능성도 많아진다. 참여관찰과 면담자료에 의하면, 연구대상학교 교사들은 수행평가를 할 때 이미 만들어진 평정과 채점기준을 무시하고 채점을 하는 경우가 허다하다고 하였다. "수행평가 자체의 신뢰도나 객관성이 부족하기에 실제 시행하는 데 애로사항이 많습니다"(21년 경력의 6학년부장 여교사).

셋째, 수행평가 결과의 변별도가 매우 낮다는 점이다(허경철 등, 1999). 연구대상학교의 교사들은 대부분 학생들을 평가할 때 일일이 개인별로 평정을 하기보다 대체로 3단계로 구분하여 아주 잘하면 '상', 별로 잘하지 못하면 '하', 나머지 대부분은 '중'으로 평정을 한다는 것이다. 그럼으로써 수행평가의 결과는 대부분이 '중'에 해당되어 실제 평정의 정확성도 없고 대부분 '중'에 해당됨으로써 변별력이 떨어진다는 것이다. 이 점에 대하여 한 교사는 "평가 결과를 너무 단순화시켜 변별력이 없는 점이 문제이다"(2년 경력의 5학년 여교사)라고 지적하였다.

넷째, 학부모들도 수행평가의 결과에 대해서 신뢰를 보내지 않는다는 것이다. 따라서 학부모들은 '수행평가는 하나마나한 평가'라는 부정적인 인식을 갖고 있다는 것이다. 이에 대한 한 교사의 말을 인용해 보면 다음과 같다. "제가 실시하고 있는 평가에 대한 신뢰성이 항상 의문입니다. 나름대로 열심히 하고 있지만 학부모님들은 항상 수행평가는 뭔가 공평하지 못하고 부족하게 생각하는 것 같습니다"(약 16년 교직경력의 4학년 여교사).

그렇다면, 이처럼 평가 결과의 객관성이나 신뢰성이 저조한 이유는 무엇인가? 참여관찰과 인터뷰 자료를 분석해 보면, 교사들의 편의성, 검사 및 채점의 시간 부족, 개개인의 평가의 어려움, 획일적인 평가방법, 학생 수 과다와 교수학습 내용의 과다에 기인하는 것으로 볼 수 있다.

첫째, 교사들이 많은 학생들을 제대로 평가하려면 많은 시간과 노력이 소요되기 때문에 손쉽게 간단히 처리하려는 경향을 보인다는 것이다. 뿐만 아니라 제대로 평가를 해도 현재 학교에서는 평가 결과를 유효적절하게 활용하고 있지 않기 때문에 대충대충 평가해 버린다는 것이다.

둘째, 검사 및 채점의 시간이 부족하여 신뢰도가 떨어진다는 것이다. 충분한 시간이 주어져야 차분히 평가할 여유를 갖는데 수업 및 평가 시간이 부족하고 그런 속에서 편하고 쉽게 평가하려고 하기 때문에 객관성이 떨어지고 신뢰도도 낮아진다는 것이다.

셋째, 수시평가를 할 때 개개인에 대한 누가 기록의 어려움 때문에 객관성이나 신뢰도가 떨어진다는 것이다. 예를 들어, 관찰법으로 수시평가를 하도록 되어 있는 경우에 학생 개인별로 수시로 관찰하여 기록하고 그 결과를 종합하여 평정을 하여야 하지만 그렇게 하는 경우는 거의 없다는 것이다.

넷째, 교사들은 개개인에 대한 평가보다 한 번에 학생 전체를 평가하는 일괄평가 방법을 선호하기 때문이다. 전체적으로 일괄평가를 하는 경우가 개개인별로 누가기록의 결과를 종합하여 평정을 하는 경우보다 평정의 신뢰도가 낮아질 가능성이 있다.

다섯째, 지도할 학생 수 과다와 가르칠 내용의 과다 등으로 인하여 수행평가에 전념할 절대적인 시간 부족에 있다고 할 수 있다. 교사 1인당 학생 수의 과다와 지도할 내용의 과다는 수행평가를 실행할 시간 자체를 확보하기 어렵게 만든다(김재춘·소경희, 1999). 이러한 학생 수의 과다와 학습 내용의 과다로 인한 평가시간 부족 문제는 뒤에서 다시 논의가 이루어진다. 서술형 질문지 자료를 소개하면 다음과 같다.

부족한 시간과 과다한 학생 수로 인해 집단평가를 가장 많이 사용한다. …… 수행평가가 이론과 현실의 아이러니 속에 정착되지 못하는 가장 큰 이유도 바로 개별화 평가를 하지 못하기 때문인 것 같다. …… 부족한 교사들의 시간 때문에 개별화 평가를 해주지 못하는 것이 가장 큰 문제점인 것 같다. 교사의 잡무로 인한 시간 부족은 결코 수행평가를 바람직한 형태로 현장에 정착시키지 못할 것이다. 말 그대로 아동 개개인의 특성과 개성을 존중한 개별화평가를 다양하게 실시하여 학생들과 학부모들에게 통지하고 학습성취에 대해 신뢰를 쌓는다면 수행평가는 아주 좋은 평가방법으로 현장에 안착될 것이다. 교사의 시간이 많든지, 아니면 학급당 학생 수가 적든지, 두 요소 중 하나만 해결되어도 좋을 텐데……. (21년 경력의 6학년부장 여교사)

라. 지적 영역의 학력 저하

수행평가 실행의 네 번째 문제는 지적 영역의 기본학력 저하 문제이다. 이 문제점은 수행평가와는 관계가 없을 수도 있다. 수행평가를 제대로 실시하면 학력이 저하되는 것이 아니라 오히려 향상되어야 하기 때문이다. 수행평가는 지적, 정의적, 심동적 영역을 대상으로 그 과정과 결과까지 이론 및 실천에 대한 것들을 함께 평가하기 때문에 과거의 지식·이해 측면만을 강조하던 지필평가와 비교하면 진정한 의미의 학력은 향상되어야 한다. 그러나 현장에서 이루어지고 있는 평가는 진정한 의미의 수행평가도 아니고 그렇다고 과거와 같은 지식·이해 측면의 지필평가도 아니라는 것이다. 정보제공자에 의하면, 과거와 같이 일제평가를 실시하지 않기 때문에 학생들은 한번 수업이 끝나면 학습정리 등을 다시 하지 않는다는 것이다. 또한, 과거처럼 평가결과가 점수나 평어로 제시되지 않고 몇 마디의 진술만으로 이루어지기 때문에 학습 정리나 보충·심화 학습에는 관심을 보이지 않으며 이에 따라 학생들의 학력이 저하되고 있다는 것이다. 연구대상학교의 학생들과 학부모들의 생각을 잘 대변해 주고 있는 교사의 서술형 질문 자료를 인용해 보면 다음과 같다.

　　학생들 또한 받아쓰기평가나 지필평가는 관심이 높고 평가준비를 하면서도 수행평가라고 하면 거의 신경을 쓰지 않는다. 문항자체도 쉽고 점수도 뚜렷하게 표시해 주지 않으며 우선 자기들 사이의 능력이 눈에 보이게 나타나지 않기 때문이다. …… 학부모도 수행평가에는 관심이 없다. 눈에 보이는 결과가 나타나지 않기 때문이다. (21년 경력의 6학년부장 여교사)

마. 요식적인 기록 관리

　　수행평가 실행의 다섯 번째 문제는 평가 결과의 기록 및 관리의 요식화이다. 즉, 평정 결과와 각종 장부와의 기재 내용이 일치하지 않고 평정 결과를 추상적으로 기록하고 있다는 것이다. 이와 관련하여 허경철 등(1999)은 수행평가 결과 기록의 문제점을 다음과 같이 제시하고 있다. 수행평가 결과는 보통 문장으로 서술해서 학생들에게 배포해야 하며, 생활기록부에는 이를 종합하여 교과별로 간단하게 진술해야 하므로 번거로운 점이 있다는 것이다. 또 그들은 어린 아동들의 심리적인 측면을 고려하여 가능하면 긍정적인 쪽으로 서술해야 하기 때문에 수행평가를 하더라도 그 결과를 정직하게 그대로 적지 못하고 좋은 방향으로만 평정 결과를 기록하고 있다는 것이다.

　　먼저, 평정 결과가 기재 내용과 일치하지 않는 등 요식적인 평가 결과의 기록과 관리의 사례가 연구대상학교에서 발견되었다. 연구대상학교의 경우에 평정은 대개 3단계인 상(◎), 중(○), 하(△)로 이루어지며, 개인별로 교과영역별로 상, 중, 하의 기호로 표시가 된다. 교사는 교과영역별 평정 자료를 보고 학생 개인의 교과에 대한 학업성적의 변화나 발달적 특성을 언어로 기록하게 된다. 그러나 연구대상학교에서 사용하고 있는 학급경영부상에는 교과별로 또는 영역별로 평가 결과를 기록할 공간이 없고, 전체 교과에 대한 '세부능력 및 특기사항'에 대해서만 기록할 수 있도록 되어 있다. 이것이 바로 각 교과영역별 평정 결과와 학급경영부나 생활기록부 등 각종 장부의 기재 내용을 불일치하게 만드는 요인 중의 하나이다. "경영부에는 많이 쓸 수가 없으니까 실제로 한 것은 몇 개 써놓고 반영해 버리지요. 이런 형태가 돼버리니까 나 같은 경우는 수행평가를 해도 실제는 제대로 한데……이 관계가 맞지 않지요"(3학년 담당 부장교사). 또한, "활용에 의미가 없으므로 기록 자체에 의의를 갖는 교사가 많다"(21년 경력의 6학년부장 여교사)고 하였다.

그리고 평가 결과의 기록이 피상적으로 이루어지고 있었다. 교사들은 수행평가의 결과를 언어로 기록할 때 수행평가기록부나 학급경영부의 평정 결과를 요약정리하여 그 특징을 기록해야 한다. 그러나 연구대상학교 교사들과의 면담 자료에 의하면 평소에 수행평가를 통해서 평정한 결과는 참고하지도 않고 기록 당시의 느낌을 말로 써버리는 경우가 많다고 하였다.

> 선생님들이 머릿속에 다 들어 있다고 수행평가를 하지 않을 거예요. 많은 선생님들이 총괄적 평가를 한다면 얼굴 딱 보고, 아! 너는 뭣을 잘해, 못해 하고, 이렇게 다 아는데, 무슨 평가를 해야 하나? 하는 생각이 들어 있어요. (3학년 담당 연구부장 남교사)

이러한 형식적인 기록의 근본적인 원인은 장부의 기록 양식이 불일치하기 때문이기 하지만 평가 결과를 기록 및 관리하는 복잡한 과정을 피하려고 하는 교사들의 편의주의에서 찾을 수 있다. 평가 시간도 부족한 실정에 평가 결과를 학생 개인별로 그것도 교과 영역별로 일일이 반영하여 말로 기록할 수가 없다는 것이다. 연구대상학교 교사들과의 면담 자료에 의하면, 이들 평가 자료들은 참고는 하나 적극 반영하지 않고 평소의 느낌과 생각대로 기술해 버리는 경우가 많다고 하였다. 즉, 문제가 되는 것은 정확한 단계를 거쳐 객관적인 자료에 의해서 기록하는 것이 아니라 교사가 쉽고 편한 방법으로 평가 결과를 기록하고 있다는 것이다. 서술형 질문지 자료를 인용하면 다음과 같다.

기록의 의미는 수요자인 학생이나 학부모에게 별 의미가 없는 만큼 교사 또한 기록해야 할 필요성을 많이 느끼지 못한다. 더더군다나 생활기록부나 통신표의 서술형 평가 평정은 더더욱 기록의 의미를 없애 준다. 조사부에 간단하게 체크해 두는 정도이다. (21년 경력의 6학년부장 여교사)

그러나 이러한 기록 관리의 문제는 1999년도부터 시작된 학교생활기록부 전산화 작업이 2002년도에는 교무업무 시스템에 의해 전산화가 가능하게 되어, 평가 기록상의 일관성을 유지한다거나 작성상의 불편함은 어느 정도 해결될 것으로 보인다.

바. 평가결과 활용의 미흡

수행평가 실행의 마지막 문제점은 평가결과 활용이 미약하다는 점이다. 일반적으로 학교에서 평가결과는 성적 산출, 동기유발, 학업성취도 확인, 수업개선 등의 목적에 활용된다. 그러나 연구대상학교의 경우 수행평가 결과를 여러 가지 목적에 활용하지 못하고 있는 것으로 나타났다. 정보제공자들에 의하면, 평가결과는 기껏해야 성적 산출 정도로만 사용되며, 동기유발과 학업성취 확인 및 수업개선 자료로는 제대로 활용되지 못한다고 하였다. 연구대상학교의 연구부장의 말을 소개하면 다음과 같다.

연 구 자: 평가결과 활용은 어떻게 하고 있습니까?
부장교사: 그 즉시 보상하고, 잘한 아이들에게 "아, 너 잘했다." 하고 즉시 보상이 되겠고, 결국, 성적 처리가 되겠지요. 성적 처리가 아니라면 다 안 할 거예요. 선생님들이 머릿속에 다 들어 있다고 수행평가를 하지 않을 거예요. 많은 선생님들이 총괄적 평가를 한다면, 얼굴 딱 보고, 아, 너는 뭣을 잘해, 못해 하고, 이렇게 다 아는데, 뭔 평가를 해야 하나? 하는 생각이 들어 있어요.

연 구 자: 그런데 성적 기록만을 위해서 평가를 한다. 그런데 평가의 기능 중
　　　　　에 더 중요한 기능이 있잖아요. 학습동기 유발, 학업성취도 확인,
　　　　　교사들의 수업개선 목적 등이 수행평가로서 그런 기능을 수행할
　　　　　수는 없을까요?

부장교사: 내가 아무리 생각해도 전혀 그런 기능은 수행하는 것으로 볼 수 없
　　　　　다. 아, 내가 수행평가를 이렇게 실시해 가지고, 수업방법을, 이렇
　　　　　게 수업해 가지고는 안 되겠구나, 수업을 다른 방법 지도를 해야
　　　　　되겠구나 하는 생각을 전혀 못했어요. 진짜로……

연 구 자: 수행평가가 평가로서의 기능을 전혀 못한다는 것 아닙니까?

부장교사: 원칙으로 보면, 아니 평가로서의 기능뿐만 아니라 구실, 뭐 아무
　　　　　것도 못하고 있다고 보아야지. 사실은 우리가 의도적인 것이 되지
　　　　　못하니까, 사실은 수업계획을 설계를 세울 때, 애기들을 이렇게 지
　　　　　도를 해서 이런 평가를 실시해서 이런 효과를 올려야 되겠다고 하
　　　　　면 어떤 방법을 사용해야 되겠다 하고 연구하고 생각을 해야 되는
　　　　　데, 그런 것이 전혀 안 되어 있다는 것이죠. (3학년 담당 연구부
　　　　　장 남교사)

　앞에서도 언급하였지만 교육적 활용보다는 관리적 목적에 주로 활용하고
있다는 것이다. 따라서 평가를 실시하는 데 많은 시간과 노력을 투입하고도
이에 맞는 효과는 거두지 못하고 있는 것으로 볼 수 있다.

　이처럼 관리적 목적에만 활용되는 이유는 평가결과에 대한 신뢰 부족과
결과 반영에 대한 기대 저조에서 찾을 수 있다. 앞에서 언급한 바와 같이
교사 자신들이 성의껏 도구를 개발하고 이렇게 개발된 도구를 사용하여 수
행평가 과제표에 따라 제대로 평가하지 않고 있기 때문에 그 결과를 신뢰할
수 없을 뿐만 아니라, 과거부터 계속해서 평가결과가 주로 성적 산출 정도
로만 활용되어 왔기 때문에 결과 반영에 대한 기대가 저조하다는 것이다.

　이상의 내용을 요약하면, 초등학교 수행평가의 실행과 관련된 문제는 형식
적인 계획 수립 및 추진, 도구의 질 저하, 평정과 채점의 객관도와 신뢰도

저하, 지적 영역의 학력 저하, 요식적인 기록 관리 및 결과 활용의 저조라고 할 수 있다. 그러면 이러한 문제점들에 대한 근본 원인은 무엇인가? 이러한 문제점들은 바로 교사들의 수행평가에 대한 지식이나 경험의 부족과 절대적인 수행평가 실시 시간의 부족에서 비롯되었다고 볼 수 있다. 왜냐 하면, 교사들은 수행평가에 대한 지식과 경험이 부족하고 절대적인 평가 실시 시간이 부족하여 형식적으로 계획을 수립하여 추진하거나 질적으로 수준이 낮은 도구를 개발할 수밖에 없으며 평정과 채점 역시 대강대강 함으로써 평가의 객관도와 신뢰도가 떨어지고 이에 따라 수업에 대한 환류(feedback) 기능을 제대로 발휘하지 못함으로써 학생들의 지적인 측면의 기본 학력이 떨어지고 평가의 기록 관리 역시 요식적으로 이루어질 수밖에 없었기 때문이다.

2. 수행평가 실시 여건의 문제

이러한 수행평가 실시상의 문제점들에 대한 근본적인 원인은 바로 수행평가의 실행 여건과 관련이 있다. 앞에서 초등학교 수행평가의 실시와 관련된 문제들의 근원은 교사들의 수행평가에 대한 지식과 경험의 부족, 그리고 절대적인 평가실시 시간의 부족에 있다고 분석하였다. 그러면 이들의 지식 및 경험의 부족과 평가 실시 시간의 부족의 원인은 무엇인가? 관점에 따라서는 여러 가지가 있겠지만 이러한 교사들의 지식과 경험의 부족은 수행평가 본질에 대한 이해 부족과 교사의 연수나 홍보의 부족에서 비롯되었다고 할 수 있으며, 평가 실시 시간 부족은 학급당 인원수 과다나 교사 업무의 과다에서 비롯되었다고 할 수 있다. 즉, 수행평가의 본질과 연수나 홍보도 부족하고 다인수 학급과 업무의 과다와 같은 수행평가 실시 환경이나 여건의 문제가 지식과 경험의 부족과 평가 실시 시간의 부족을 포함하여 앞 절에서 지적된 여러 가지 수행평가 실행상의 문제점을 초래한 것으로 볼 수 있다.

따라서 여기에서는 수행평가 실시 여건의 문제이면서 동시에 수행평가 실행의 근본문제라고 할 수 있는 수행평가 본질의 이해 부족으로 인한 부정적인 인식과 태도의 형성, 교사 연수와 홍보의 부족, 교사 1인당 학생 수의 과다 및 교사의 업무 과다를 중심으로 살펴보고자 한다.

가. 수행평가 본질에 대한 이해 부족

수행평가의 본질에 대한 이해 부족의 원인은 다양하지만 많은 부분을 교사 연수와 홍보 부족에서 찾을 수 있다. 따라서 수행평가에 대한 교사 연수와 홍보 부족이라는 문제점을 논의하기에 앞서 본질의 문제를 분석해 보고자 한다.

먼저, 초등학교 수행평가의 실시 여건과 관련하여 연구 참여자들이 갖는 문제는 수행평가의 본질에 대한 이해의 부족과 이로 인한 부정적인 인식과 태도의 형성이다. 이와 같은 문제나 이로 인한 오해는 수행평가가 도입된 지 얼마 되지 않은 데다 특별히 연수나 홍보가 제대로 이루어지지 않은 점에서 찾아볼 수 있다. 허경철(1999)도 수행평가에 대한 잘못된 오해를 다음과 같이 지적하고 있다. ① 여건이 성숙된 다음에 도입되어야 한다는 것, ② 모든 교과, 영역에 시행해야 한다는 것, ③ 결과는 모두 점수화하여 성적을 산출해야 한다는 것, ④ 수행평가에서는 수업의 모든 과정을 평가해야 한다는 것, ⑤ 지필식 평가와 수행평가를 병행해 실시해야 한다는 것, ⑥ 객관식 선택형 평가방식은 모두 수행평가방식으로 바꾸어야 한다는 것, ⑦ 기존평가와 완전히 다른 새로운 평가라는 것, ⑧ 기존의 선택형 평가방식보다 더 바람직하다는 것, ⑨ 외국의 평가방법으로서 강제로 적용해야 한다는 것, ⑩ 수행평가 비율이 높아야 바람직하다는 것 등이다.

첫째, 수행평가의 본질에 대한 이해 부족에는 수행평가의 개념에 대한 혼란이 포함된다. 연구 참여자들은 수행평가를 과거의 실기평가와 동일시하거나, 지필평가는 수행평가가 아니라는 등 수행평가의 개념에 대한 이해가 부족하였다. 이와 관련하여 허경철(1999)은 수행평가라는 개념의 의미가 불분명한 경우 그러한 개념에 의거한 정책은 복잡한 현실에서 혼란과 갈등을 야기할 수밖에 없으며, 현재 학교 현장에서 수행평가의 시행과 관련하여 제기되는 문제 중의 상당부분이 수행평가의 개념에 대한 혼란에서 연유한다고 지적하였다.

많은 연구 참가자들은 수행평가를 과거의 실기평가와 동일시하고 있었다. 과거에 실시해 오던 실기평가와 크게 다르지 않다고 생각하는 것이다. 그러나 허인수(1999b)는 교사들이 생각하기에 수행평가 방법이 과거의 실기평가 방법과 별 차이가 없다고 하는데, 이것은 평가방법만 생각하고 있지 그 바탕에 깔려 있는 평가관에 대한 인식이 달라지지 않았기 때문에 드러나는 문제라고 하였다. 그러나 수행평가는 실제 적용되는 상황에서 평가가 이루어지며, 실기평가는 인위적인 상황에서 평가가 이루어진다는 점에서 분명히 다르다. 즉, 조건통제나 인위적으로 설정된 상황에서 평가하는 것은 수행평가의 본 취지를 벗어난다는 것이다. 허인수(1999)는 과거의 실기평가와 수행평가를 구별하는 기준은 평가 상황이라고 하였다. 즉, 과거의 실기평가는 인위적인 상황에서 평가를 실시한 반면에 수행평가는 실제 상황에서 검사나 측정을 하는 것으로 서로 구별되어야 한다는 것이다.

또한, 서술형 검사와 논술형 검사와 같은 지필검사는 수행평가의 유형이 아니라고 생각하는 연구 참여자들이 많았다. 아마도 이것은 이와 같은 서술형 검사나 논술 검사가 과거에도 자주 사용하였던 평가유형이라서 새로운 수행평가의 유형이 아닐 것으로 생각하였기 때문일 것이다. 분명히 서술형 검사나 논술형 검사는 초등학교 현장에서 자주 사용할 수 있는 수행평가의 도구라고 할 수 있다.

그리고 연구대상학교의 많은 교사들은 수행평가는 주로 관찰법, 실기시험, 포트폴리오법 등만이 중요하고 지적 영역을 평가하는 데 장점이 많은 과거의 선택형 검사는 전혀 쓸모없는 평가도구로 오해하는 경우도 있었다. 평가의 목표와 내용에 따라 가정 적절한 평가방법과 유형이 적용되어야 교육과정 평가에 있어서 실효성을 거둘 수 있다. 예를 들어, 지식과 이해 중심의 교육목표나 내용을 평가한다면 지필검사로 주관식과 객관식 검사 유형을 활용한다면 학생들의 지식 이해의 정도를 확인하는 데 효과적일 수 있다. 그러나 객관식 검사는 사용하면 안 된다는 의식 때문에 지식 이해의 정도를 알아보기 위한 평가에서도 서술형이나 논문형으로만 검사한다면 보다 많은 내용을 포괄적으로 다양한 범위에 걸쳐 평가하기는 어려울 것이다. 이러한 객관식 검사는 과거에 지나치게 많이 사용해서 문제이지 부분적으로 목적에 맞게 사용한다면 결코 나쁜 방법은 아닐 것이다. 연구대상학교의 연구 참여자들 중 몇몇 교사들은 이런 식으로 관찰법, 실기시험, 포트폴리오 중심의 수행평가만을 실시하다 보니 학생들이 이에 적응하여 '수행평가는 공부하지 않고 시험 봐도 된다'는 식으로 교수학습 내용의 지식 이해 영역에 관해서는 소홀히 생각하는 습성이 생겼고, 따라서 학생들의 지적 영역의 성적이 하락하고 있다는 지적을 하고 있다(앞 절의 수행평가의 실태 중 기본 학력의 저하 참조).

둘째, 이와 같은 수행평가의 개념, 방법, 절차 등에 대한 잘못된 이해가 교사, 학생, 학부모, 행정가들의 부정적인 인식과 태도의 형성으로 이어진다는 것이다. 교사들의 부정적인 인식과 실천 의지가 박약하다는 점이다. 즉, 수행평가의 장점에 대한 신념의 부족을 들 수 있다. 교사들이 "수행평가를 제대로 하기에는 너무 어렵고 힘들다", "현실 여건에서는 적용이 어렵다", "수행평가는 하나마나한 평가이다" 등의 태도를 보였다. 연구대상학교 정보 제공자의 서술형 질문지 자료를 예로 들면 다음과 같다.

문제가 많다. 우리 학교뿐만 아니라 거의 모든 학교가 수행평가에 대해 매우 회의적일 것이다. 좋은 평가제도이지만 시행상의 문제점이 많아 수행평가는 지금 표류하고 있은 듯싶다. (교육경력 21년의 6학년담당 여교사)

앞에서 논의한 대로 수행평가는 원론적인 측면에서는 긍정적이나 현실적으로 적용하기에는 너무 문제가 많고 부정적이라는 인식을 하고 있었다. 여기서 문제가 되는 것은 바로 이러한 부정적인 인식이 결국에는 수행평가의 의욕을 꺾고 대강대강 해치우려는 의식이 생겨나게 되었다는 점이다.

학생들도 수행평가에 대한 잘못된 이해로 인하여 "수행평가는 공부를 하지 않아도 시험을 잘 볼 수 있다", "수행평가는 하나마나하다"라는 등의 부정적인 인식이 있다는 것이다. "학생들 역시 평가에 대해 많은 부분 수행평가는 평가가 아닌 것으로 본다"(교육경력 21년의 6학년담당 여교사)는 것이다.

학부모들도 수행평가에는 별로 관심이 없고 부정적인 견해를 지니고 있는 편이다. 이에 대하여 학부모의 입장을 잘 대변해 주고 있는 한 부장교사의 말을 들어보면 다음과 같다.

학부모도 수행평가에는 관심이 없다. 눈에 보이는 결과가 나타나지 않기 때문이다. 수행평가에 의한 생활통신표를 가정으로 보내면 답답해 죽겠다는 것이다. 자녀의 성적을 도통 모르겠다는 것이다. 무엇을 잘하는지 어떤 부분의 학습을 더 보충해야 하는지 알 수가 없다는 것이다. 자녀의 창의적인 면이나 소질과 재능은 입시위주의 한국사회에서 차후의 문제란다. (교육경력 21년의 6학년담당 여교사)

연구대상학교의 행정가들인 교장과 교감들도 수행평가의 개념에 대해서 잘 알지 못하고 있으며, 따라서 평가에 대한 감독도 소홀히 하며, 상급행정기관에서도 크게 관심을 두지 않고 지원체제가 미흡하였다. 우선 연구대상학교의 교장과 교감은 담당교사에게 모두 맡기고 있었으며, 어떤 방법과 과정으로 평가를 하는지 관심이 없었다. 또한, 1999년도 이후에는 달라졌지만 1998년도까지는 교육청의 장학사들도 초등학교의 수행평가에 대해서는 별로 신경을 쓰지 않고 감독도 소홀히 하고 있었다. 중·고등학교에 비하여 초등학교에서 평가는 성적 산출에 있어서 크게 신경을 쓰지 않아도 되기 때문이다. 또한, 행정기관에서 수행평가가 제대로 시행되도록 지도해 주어야 하는데, 고작해야 수행평가 자료로 '수행평가의 이론과 실제'라는 장학자료 (13호, 1997. 12.) 하나밖에 제공해 주지 않았다. 물론 수행평가를 이해하고 실제 적용하는 데 길잡이가 되고 교사들도 부분적으로 참고하였으나, 학년별, 교과별, 교과영역별로 다양한 평가과제를 작성하는 데에는 크게 도움을 받을 수 없었다. 따라서 교사들은 주로 다른 학교 자료나 인터넷에서 자료를 구하여 그대로 활용하였다. 또한, 1999년도까지 수행평가의 시행에 대한 교육청 단위의 연수조차도 없었다.

요약하면, 초등학교 수행평가의 실시 여건과 관련하여 연구 참여자들이 갖는 문제는 수행평가의 본질에 대한 이해의 부족과 이로 인한 부정적인 인식과 태도의 형성으로서 이러한 문제도 역시 수행평가에 대한 연수와 홍보 부족에서 연유되었다고 할 수 있다.

나. 수행평가의 연수와 홍보 부족

초등학교에서 수행평가 실시 여건의 문제는 수행평가의 방법과 교사나 행정가들의 인식 및 태도의 개선에 관한 연수나 홍보가 부족하였다는 점이다. 교육부에서는 충분한 사전 연수도 없이 각 교육청 평가에 수행평가를 포함시키고 각 학교에 수행평가를 하도록 강제함으로써 현장의 교사나 행정가들은 수행평가에 대한 개념도 모른 채 평가를 실시해야만 했다. 그러다 보니 개념은 물론 도구를 개발할 능력도 갖추지 못한 채 인터넷에서 무작정 가져와 학교이름만 고쳐 그대로 사용했는가 하면 흉내만 냄으로써 평가로서의 기능을 제대로 수행하지 못하였다. 행정가도 수행평가에 대한 이론을 모르기 때문에 현장 교사들을 지도할 수 없었다. 따라서 초등학교 현장에서의 수행평가는 겉돌았고, 급기야 교육부에서도 학교실정에 따라 수행평가를 실시하도록 학교의 자율에 맡기고 말았다(허경철 외, 1999).

또한, 수행평가에 대한 그동안의 연수가 실질적으로 이루어지지 못했다는 점이다. 각 교육청이나 학교에서 실시되었던 수행평가에 대한 연수조차도 교과별로 구체적인 평가과제의 개발이나 채점 방안 개발 등과 같이 수행평가를 위해서 실질적으로 도움이 될 수 있는 내용에 대한 연수가 이루어지지 못하고, 개념이나 평가유형 등 일반적인 내용에 대한 연수에 그치는 수준에서 이루어졌다는 것이다. 정보제공자에 의하면, 연구대상학교에서는 1999년 3월에 단 한 번 연수를 실시한 적이 있었는데 그때의 수행평가 연수가 교내 연수로는 처음이었다고 하였다.

또한, 수행평가에 대한 학생과 학부모들에 대한 홍보도 부족하였다. 교사나 행정가에 대한 연수가 부족한 실정에 학생이나 학부모에 대한 홍보가 이루어지지 않은 것은 당연한 일인지도 모른다. 따라서 '수행평가는 시험도 보지 않고 숙제로 하는 평가'라고 할 정도로 부정적인 인식을 갖게 되었다는 것이다. 실제로 수행평가가 실시되던 초기에는 잦은 수행평가과제의 부과로 숙제거리가 많았고, 학교에서 내준 과제를 부모가 대신 해주는 등 부정적인 인식을 갖기에 충분하였다(허경철 외, 1999).

다. 학생 수의 과다 및 업무의 과다

연구대상학교의 참여관찰과 연구 참여자들과의 면담을 통해 밝혀진 초등학교 수행평가의 실시 여건과 관련된 근본적인 문제는 학급당 인원수의 과다와 교사의 업무 과다라고 할 수 있다.

첫째 문제는 학급당 인원수의 과다이다. 앞에서 언급한 바와 같이, 교사 1인당 학생 수의 과다가 교사의 수업 및 평가 업무의 과다로 이어져 수행평가 실시 시간의 확보를 어렵게 만들었을 뿐만 아니라 객관성 있고 신뢰할 만한 평가를 하지 못하게 만들었다는 것이다. 연구대상학교의 경우 평균적으로 학급당 학생 수가 40명 정도인데, 이 경우 교사가 학생 40명 전체를 대상으로 1분씩 면담법을 사용하여 수행평가과제 하나를 평정하려고 해도 1시간 이상이나 소요된다. 하지만 한 학기에 초등학교 10개 교과에 교과마다 작게는 2~3개의 영역에서 많게는 5~6개의 영역을 평가해야 하며, 6학년의 경우에는 총 28개 영역을 평가해야만 하기 때문에 많은 시간이 소요된다는 것이다.

> 한 명의 선생님이 40~50명의 아동을 매 단원마다 일일이 수행평가를 해보고, 다시 그것을 수업 개선 자료로 쓰기에는 문제가 많다. 수행평가 문항이 너무 많고, 학교에서 해야 할 일이 많은 선생님들에게 수행평가가 아동을 위한 수업 개선 자료로 사용되기보다는 '또 하나의 일'이나 형식적인 것으로 되고 있는 것 같다. (약 4년 경력의 3학년 여교사)

> 실행상의 문제로서 수행평가 시간의 부족을 들 수 있습니다. 교육과정 중 계획된 수행평가 내용만 있지 아동이 40명이 넘는데 이 아동들의 수행평가 계획을 짜 놓아도 실제로 평가하려면 1시간이 족히 걸립니다. 그런데 단위수업시간, 또는 단원 마친 후 평가할 시간이 따로 책정되어 있지 않습니다. 그렇기 때문에 과정 평가라지만 가르치는 데는 열심이지만 정작 평가에 대해서는 허술하고 그 결과에 대해서도 객관적이고 정확한 평가를 하기 힘들며, 결과의 활용에도 거의 관심이 없기도 합니다. (교직경력 15년의 여교사)

따라서 학급당 인원수의 과다가 평가 업무의 과다로 이어지고 많은 평가 업무는 꽉 짜여진 수업시간과 함께 초등학교 교사들이 객관성 있고 신뢰도 높은 평가를 할 수 없게 만드는 요인으로 작용하는 것이다. 이와 관련하여 김재춘·소경희(1999)도 지도할 학생 수의 과다 또는 가르칠 내용의 과다로 인해 수행평가를 실행할 시간 자체를 확보하기 어렵다는 비판이 자주 지적된다고 하였다.

둘째 문제는 교사의 업무 과다이다. 일반적으로 초등학교 교사는 전 교과를 담당하고 쉬는 시간까지도 생활지도에 임해야 하는 등 업무가 과중한 편이다. 연구대상학교의 경우 1999학년도에 46학급으로서 60여 명의 교직원들이 근무하고 있었는데, 대부분의 교사들은 학급담임을 하고 있었고 12명은 교과전담교사였다. 학급 담임의 경우 담임의 업무로서 주당 24시간에서 32시간까지 정규수업을 담당하고 있었으며, 대부분의 교사들이 개인마다 한두 개의 학교 사무와 한 가지의 클럽활동 담당업무를 맡고 있었다.

또한 교사의 하루 일과를 보면, 8시에서 9시 사이에 출근하여 1교시 수업이 9시 10분에 시작하면 6학년의 경우 오후 3시 30분이 되어야 비로소 하루 6교시 수업이 마감된다. 다음 날 수업준비와 교실 뒷정리를 하고 나면 퇴근준비를 하는데, 경우에 따라 사무처리라도 하고 나면 곧바로 퇴근 시간이 된다. 이렇듯 초등학교 교사들은 하루하루가 시간과 싸울 정도로 바쁘고 고된 생활의 연속이라고 해도 과언이 아니다. 특별한 일이라도 있는 경우에는 학교에서 일을 끝내지 못하고 집으로 가져가야 한다. 교사가 이러한 일과 속에서 학생 개인별로 관찰하여 누가 기록을 하는 등 수행평가를 제대로 할 시간적 여유가 충분치 않다는 것이다.

이상에서 살펴본 바와 같이 연구대상학교에 대한 참여관찰과 연구 참여자들과의 면담을 통해 밝혀진 초등학교 수행평가의 여건의 문제는 교사 연수의 부족과 홍보 부족 및 학급당 인원수와 교사 업무의 과다로 요약할 수 있다.

지금까지 분석된 내용을 정리하면, 바로 이와 같은 연수나 홍보 부족과 학생 수와 업무의 과다 같은 문제들이 수행평가에 대한 교사의 지식과 경험의 부족 및 평가실시 시간의 부족을 초래하였고, 이것이 결국에는 형식적인 계획을 수립하게 하고, 질 낮은 평가도구를 사용하게 함으로써 객관성과 신뢰성도 저하되고 요식적으로 기록하고 관리적으로 활용하게 하는 등 대충대충 평가하게 만들었다는 것이다. 그렇다면 이러한 문제들을 해결할 구체적인 방안들은 무엇인가가 다음 장에서 논의된다.

VI. 초등학교 수행평가 실행의 개선방안

지금까지 참여관찰, 면담, 질문지 조사, 광범위한 참고자료의 분석을 통하여 초등학교에서 이루어지고 있는 수행평가의 문제점에 대하여 연구 참여자의 입장에서 규명해 보았다. 그러면 앞에서 제기된 세부적인 문제점들을 해결하고 성공적인 수행평가를 실시하기 위하여 필요한 것은 무엇인가? 즉, 수행평가가 개선해 나가야 할 방향은 무엇인가? 이에 대한 정형화된 기준을 제시할 수는 없다. 학교마다 교육의 목적과 평가의 방향 및 기준이 다르기 때문이다.

앞의 이론적 배경에서 검토했던 선행연구와 관련 문헌들에 제시된 수행평가 실시를 위한 개선방안들은 연구자들마다 다양하였다. 이러한 선행연구의 개선방안들을 토대로 수행평가 실시에 대한 개선방안들을 분석해 내기 위하여 광주지역 초등학교 교사들을 대상으로 질문지 조사를 실시하였다. 그 결과를 제시해 보면 다음과 같다.

먼저, "수행평가 계획수립과 관련된 개선방안 중 중요한 것은 무엇이라고 생각하십니까?"라는 질문에 전체 응답자의 35.7%가 "계획 수립을 위한 자료의 확보"에 응답하였고, 37.0%가 "계획수립을 위한 연수의 필요"에 응답하였다(〈표 18〉 참조).

<표 18> 수행평가 계획수립의 개선방안   (단위: %)

사례수	연수 필요	참고자료의 확보	인식변화와 지원 요구	학부모들의 협조 요구	사회적 여건 조성 필요	기타	계
230	37.0	35.7	15.7	3.0	7.8	.9	100

다음은 "수행평가 도구제작과 관련된 개선방안 중 중요한 것은 무엇이라고 생각하십니까?"라는 질문에 전체 응답자의 33.0%가 "도구 개발을 위한 참고자료의 확보"에 응답하였고, 27.0%가 "연수기회의 제공"에 응답하였다 (<표 19> 참조).

<표 19> 수행평가 도구제작의 개선방안   (단위: %)

사례수	성취기준 제시	연수기회 제공	교사들의 적극적인 태도와 노력 요구	예시 및 참고자료의 확보	기타	계
230	17.4	27.0	21.3	33.0	1.3	100

그리고 "수행평가 실시에 관련된 개선방안 중 중요한 것은 무엇이라고 생각하십니까?"라는 질문에 전체 응답자의 34.6%가 "교사들의 적극적인 실천 의지"에 응답하였고, 26.4%가 "평가시간의 확보"에 응답하였다(<표 20> 참조).

<표 20> 수행평가 실시의 개선방안   (단위: %)

사례수	평가시간 확보	평가기록부 양식의 개발	긍정적인 인식과 실천의지	보조교사의 활용	지원체제의 개선	결과의 신뢰성과 객관성 확보	기타	계
231	26.4	10.4	34.6	13.0	9.1	6.1	.4	100

마지막으로, "수행평가 결과활용과 관련된 개선방안 중 중요한 것은 무엇이라고 생각하십니까?"라는 질문에 전체 응답자의 37.2%가 "다양한 목적에 활용"에 응답하였고, 31.2%가 "각종 장부 작성의 일원화"에 응답하였다(<표 21> 참조).

<표 21> 수행평가 결과활용의 개선방안　　　　(단위: %)

사례수	평가 결과의 다양한 목적에 활용	수행평가 결과와 각종 장부와의 일원화	정리 및 보관을 위한 자료 및 시설 확충	수행평가 결과의 사후지도	계
231	37.2	31.2	18.6	13.0	100

　이상의 질문지 조사 결과를 요약하면, 수행평가 계획수립을 위한 자료의 확보 및 연수의 필요, 수행평가 도구개발을 위한 참고자료의 확보 및 연수 기회의 제공, 수행평가 실시에 대한 교사들의 적극적인 실천의지 및 평가시간의 확보, 수행평가 결과의 다양한 목적에 활용과 이를 기록할 각종 장부 작성의 일원화 등으로 정리해 볼 수 있다.

　이 외에도 인터뷰를 통해서 밝혀진 수행평가의 개선방안들은 다양하였다. 즉, 수행평가에 대한 인식 전환, 정책의 일관성 유지, 교사들의 적극적인 참여 유도와 태도 개선, 교사연수와 홍보 실시, 철저한 계획 수립 및 추진, 지필평가와 수행평가 동시 실시, 교사와 행정가에 대한 연수 강화, 우수한 평가도구 개발 및 보급, 도구개발을 위한 교육과 연수 강화, 우수한 수행평가 도구 및 다양한 참고 자료의 개발 및 보급, 실질적인 평가의 실시, 교사 연수 및 홍보 강화, 평가 실시 및 채점의 시간과 노력 확보, 수업내용과 평가내용의 조정, 학급당 학생 수 감축, 교사의 업무량 축소, 교과전담 확대 및 보조교사제 도입, 교육적 목적의 실질적인 활용, 결과 활용의 활성화, 수행중심의 수업유도, 지필평가와 수행평가 동시 실시, 교사의 자율성 확대, 교사연수강화, 실시 여건의 개선, 학급당 학생 수의 감축, 교사의 잡무 축소, 행정당국의 지원 확대, 교사의 자율성 부여, 점진적 시행, 교사 연수 실시 및 홍보 강화 등이었다.

　앞에서 제기된 세부적인 문제점들을 해결하기 위한 수행평가의 개선방안을 실시상의 개선방안과 실시 여건상의 개선방안으로 나누어 기술하고자 한다. 특히 여기에서는 초등학교 현장 개선에 초점을 두고 수행평가 실행의 문제점에 대한 초등학교 단위에서 실행 가능한 개선방안을 중심으로 기술하고자 한다.

1. 수행평가 실시의 개선방안

앞 장에서 초등학교 수행평가의 실시와 관련된 구체적인 문제점은 형식적인 계획 수립 및 추진, 도구의 질 저하, 평정과 채점의 신뢰도 저하, 지적 영역의 학력 저하, 요식적인 기록 관리, 결과 활용의 저조라는 점을 지적하였다. 초등학교 현장에서 제기되는 수행평가의 문제들을 해결할 수 있는 방안으로 우수한 평가도구의 개발 및 보급, 평가 실시의 공정성과 객관성 확보, 평가결과 기록 및 관리방법의 개선, 평가결과 활용방안 모색 등을 들 수 있다.

가. 우수한 평가도구의 개발 보급

수행평가가 실효성 있게 이루어지려면 우수한 평가도구를 개발하여 보급할 필요가 있다. 우수한 평가도구란 타당도와 신뢰도가 높은 양호한 평가도구를 말한다. 수행평가에 대한 지식과 경험이 부족하고 수업시간조차 부족한 현실에서 현장교사가 전문적인 지식과 능력을 필요로 하는 양호한 수행평가 도구를 직접 개발하는 것은 그리 쉬운 일이 아니다. 현장교사에게 수행평가의 도구 개발은 교육목표에 따른 평가 목표 분석, 평가 기준 설정, 평가 과제 개발, 채점 기준 마련 등 평가도구의 개발 과정이 상당히 복잡하고 어려운 작업이다. 따라서 이러한 평가도구를 교육당국이나 교육과정평가원 같은 전문적인 기관에서 제작하여 현장 학교에 보급할 필요가 있다. 이러한 평가도구에는 학년별, 교과별 평가기준과 평가과제, 채점기준이 포함된 평가도구와 함께 수행평가의 기본적인 이론, 평가도구 개발과정, 평가유형별 평가방법, 채점방법 등에 관한 예시적인 참고자료들이 포함되어야 할 것이다. 교사들은 이러한 도구들을 학급 실정에 맞게 수정·보완하여 활용함으로써 시간과 노력을 절약할 수 있을 뿐만 아니라 실효성 있는 평가를 할 수 있을 것이다.

나. 평가 실시의 공정성과 객관성 확보

초등학교에서 수행평가가 실효를 거두기 위해서는 지금까지 실시되어 온 형식적인 평가방법을 개선하여 공정하고 객관적이며 실질적인 평가를 실시하여야 한다. 이를 위한 구체적인 방안은 교사 자신들의 공정하고 객관적인 평가를 위한 노력, 사전예고제의 실시 및 평가결과의 공개, 그리고 지적 영역에 대한 학력평가와 수행평가의 동시 실시, 평정 및 채점의 시간 확보 등이라고 할 수 있다.

첫째, 교사 자신들의 공정하고 객관적인 평가를 위한 노력이 요구된다. 수행평가는 교사의 주관적인 관찰이나 판단을 위주로 하기 때문에 불공정의 소지가 많다. 교사들이 공정한 평가를 위해서는 객관적으로 판단하려는 노력이 요구된다. 이러한 노력과 함께 채점과정에서 오류를 줄이기 위한 장치가 마련될 필요가 있다. 예를 들면, 명확한 평가기준이나 채점기준표를 작성함으로써 평정과 채점의 객관도는 물론 신뢰도 저하를 막을 수 있을 것이다.

둘째, 사전예고제나 평가결과를 공개하는 것이다(김석우, 1999b; 허경철, 1999). 평가에 대한 학생들의 관심과 동기유발을 촉진하고 평가의 공정성을 확보하기 위해서 평가일시, 평가내용, 평가방법, 평가기준 등을 사전에 예고할 필요가 있다. 연구대상학교에서도 학기초에 수행평가 계획을 수립할 때 월별로 평가일시, 평가내용, 평가방법, 평가기준 등을 공개하고 있었다. 또한 수행평가 계획만 예고하는 것이 아니라 평가결과를 학생들에게 공개해야 한다. 그렇게 할 때 교사들은 학생과 학부모들로부터 신뢰를 얻을 수 있고 더욱 책임 있고 공정한 평가를 하게 되기 때문이다.

셋째, 지식·이해 측면의 학력을 향상시키기 위해서는 과거의 일제고사식 학력평가와 수행평가를 동시에 실시할 필요가 있다. 과거에 실시되었던 일제고사식 지필평가는 지나치게 지식 위주의 객관식 평가가 이루어졌다는 점에서 비판이 있었던 것도 사실이다. 그러나 연구대상학교 교사들과의 면담과 질문지 조사 결과에 의하면, 최근에 수행평가를 실시하면서부터 과거에 중시되었던 지식·이해 영역의 학력 평가를 소홀히 함에 따라 학생들의 지적 영역의 학력이 매우 떨어졌다는 지적이 많았다. 물론 수행평가 방식으로 서술형이나 논술형에 의한 평가가 이루어지고 있으나 수행평가가 지적 영역의 평가 기능을 제대로 수행하고 있지 못하다는 것이다.

> 수행평가 이후 기초·기본 학력의 저하는 모든 교사가 부정적으로 느끼는 첫째 이유일 것이다. 필수 기초 학력의 저하는 교사나 학생들 모두 자칫 수행평가를 잘못 인식함으로 인한 지필평가에 대한 무조건적인 배타감 때문일 것이다. (21경력의 6학년담당 여교사)

따라서 연구대상학교의 연구 참여자들은 과거에 실시되었던 객관식 위주의 검사는 지양하되 각 교과별로 서술식 평가과제들을 한데 모아 총괄평가 방식으로 학기말에 일제고사를 실시함과 동시에 현재와 같은 수행평가를 동시에 실시하자는 의견을 제시하기도 하였다. 다시 말해, 지금 적용하고 있는 수행평가를 실시하면서 동시에 학기말에 총괄평가로서 지필평가를 실시하여 성적에 반영함으로써 학습동기 유발기능도 강화하고 수업개선자료로도 활용하자는 것이다.

넷째, 평정과 채점의 신뢰도 저하와 같은 문제점들을 해결하기 위해서는 우선적으로 교사들이 평가를 실시하는 데 필요로 하는 시간을 충분히 마련해 주어야 한다. 수업과 평가에 전념할 충분한 시간이 주어진다면 형식적으로 계획을 수립·추진하거나 신뢰도가 낮은 평정이나 채점을 하지는 않을 것이기 때문이다. 따라서 이러한 수업과 평가 시간을 확보하는 방안으로는 여러 가지가 있겠지만 수업시간의 융통성 있는 운영, 학급당 학생 수의 감축, 교과전담교사의 확대 및 보조교사제 도입 등을 예로 들 수 있다.

먼저 평가 시간을 확보하기 위해서는 수업시간의 융통성 있는 운영이 필요하다(김석우, 1999a). 수행평가를 위해서는 관찰도 하고 개별적으로 과제 점검도 필요한데 모든 수업시간이 일률적으로 고정될 경우 이러한 시간운영 체제에서 실질적인 수행평가는 이루어지기 힘들다. 그러므로 필요에 따라 수업시간을 연장하거나 단축하여 운영할 수 있는 융통성이 필요하며 이러한 자율성을 교사에게 위임하여야 한다. 이와 함께 단위 시간에 다루는 수업 내용의 양을 조절할 필요가 있다. 현행 교육과정의 내용의 양이 너무 광범위하므로 깊이가 부족하다는 문제가 있다. 수행평가가 실효성 있게 실행되려면 교육과정 내용을 축소하거나 수행평가와 관련이 깊은 내용으로 수정될 필요가 있다.

다음으로 학급당 인원수의 감축이 필요하다. 뒤에서 다시 논의하겠지만, 면담이나 질문지 조사 결과에 의하면 수행평가를 성공적으로 시행하기 위해서 교사들이 가장 시급하게 요구하고 해결되어야 할 과제로 교사 1인당 인원수의 축소를 지적하였다. 교사 1인당 학생 수의 감축이 수업의 부담을 줄임과 동시에 수행평가의 시간을 확보할 수 있게 해주며 나아가 질 높은 평가를 가능하게 해준다고 믿기 때문이다.

마지막으로 교과전담교사의 확대나 보조교사제와 같은 제도가 도입될 필요가 있다. 수행평가가 본질적으로 이루어지려면 교사들에게 많은 시간과 노력이 요구된다. 지금과 같은 다인수 학급 속에서 한 교사가 전체 교과의 수업을 진행하면서 수행평가를 동시에 하기란 쉽지 않다. 물론 우리 학교의 현실에서 보면 이상적이긴 하나 본질적인 의미의 진정한 평가가 이루어지려면 교사의 업무를 줄여줄 수 있는 교과전담 교사의 확대나 보조교사제도의 도입이 필요하다는 것이다.

다. 평가결과 기록 및 관리방법의 개선

요식적인 기록관리의 문제를 해결하기 위해서는 현재 실시되고 있는 수행 평가의 결과기록 및 관리방법이 개선되어야 한다. 즉, 평가결과와 각종 장 부의 기록 내용이 일치되어야 하고 기록관리가 전산화되어야 한다.

첫째, 각종 수행평가 장부들의 기록 내용들을 일치시켜야 한다. 학교에 따 라 수행평가를 실시하기 위해서는 수행평가기록부나 학급경영부, 학교생활통 지표, 학교생활기록부 등의 다양한 양식과 장부들이 필요하다. 연구대상학교 의 경우에 학급경영부 이외에 별도의 수행평가기록부를 사용하는 학급이 많 았다. 그러나 이들 장부의 기록양식이 일치하지 않고 기록 공간과 분량들이 달라서 기록 장부마다 평가결과의 서술 내용이 달라질 수밖에 없었다. 따라 서 이들 장부들의 양식을 통일하여 편리하게 기록할 필요가 있으며, 교사들 도 평정결과의 서술을 보다 객관적이고 정확하게 하도록 노력해야 한다.

둘째, 평가결과의 기록 시간을 단축하고 기록을 편리하게 하기 위해서는 기록관리의 전산화가 필요하다. 이제 초등학교에 컴퓨터 등 전산화 기자재 와 교사들의 전산능력이 갖추어져 있기 때문에 평가기록 시간과 노력을 줄 여 나가야 한다. 이러한 취지에서 1998년도부터 전산화 작업을 도입하여 2002년 현재 '교무업무시스템'에 의한 수행평가 전산화가 실시되고 있다. 그러나 현재의 수행평가 기록보관의 전산시스템은 너무 단순하고 사무적으 로만 활용하도록 되어 있어서 교육적인 측면에서 다양하게 활용할 수 있는 방안이 마련되어야 할 것이다.

라. 평가결과의 교육적 활용 모색

또한 수행평가의 평가결과 활용이 활성화되어야 한다. 허인수(1999a)가 지적한 바와 같이 현재 학교에서는 교육적 목적으로 활용되기보다는 주로 관리적인 목적으로만 활용되고 있다는 것이다. 즉, 현재 이루어지고 있는 수행평가는 주로 성적 산출의 목적으로만 활용되고 있어 수행평가 본래의 취지를 살리지 못하고 있는 실정이다. 수행평가 결과가 교육적 목적으로 활용되어야 한다는 것은 그 결과가 학교생활기록부에 기록해 두는 것만으로 끝나서는 안 되며, 동기유발자료, 학업성취도 확인자료, 수업개선자료 등으로 활용되어야 한다는 것이다.

먼저, 수행평가 결과가 동기유발자료로 활용되기 위해서는 수행평가과제가 학습동기를 불러일으킬 만큼 질적 수준이 높아야 하며, 특히 실생활과 관련된 다양한 상황의 과제를 제시해야 한다. 이러한 과제를 제시함으로써 학생들은 과제에 대한 도전의식과 능동적 참여의식이 일어나게 된다.

둘째, 수행평가 결과가 학업성취도 확인자료로 활용되기 위해서는 역시 우수한 평가과제를 작성해야 하며, 총괄평가는 물론 수시로 평가하여 누가 기록하여야 한다. 수행평가의 특징은 수시로 관찰이나 면담 등의 방법을 통해 그 결과를 누가 기록하므로 학생들의 고등정신기능은 물론 학업성취도를 다방면으로 평가할 수 있으며 학생들의 변화과정을 상세하게 파악할 수 있다. 따라서 교사는 수업과 평가, 생활지도와 평가를 분리할 것이 아니라 이 두 가지를 동시에 실시하여야 한다. 또한 수행평가 과정에서 학생들의 변화를 수시로 평가하여 그 결과를 기록해 두어야 한다.

셋째, 수행평가 결과는 수업개선자료로 활용되어야 한다. 수행평가는 수업과 동시에 평가가 이루어지기 때문에 평가결과를 즉시 수업에 환류시켜 수업의 내용과 방법의 개선에 도움을 줄 수 있다. 따라서 교사들은 수업이 모두 끝나고 총괄평가로서만 수행평가를 실시할 것이 아니라 과정평가를 함으로써 수업의 질적 향상을 도모할 수 있을 것이다. 따라서 수행평가 도구 개발에 있어서도 과정평가 과제들이 확대될 필요가 있다.

다음으로, 역시 교육적 목적의 활용을 위해서는 평가결과의 신뢰성이 높아야 한다. 그러나 학생과 학부모들은 물론 교사 자신들도 현재의 수행평가 결과에 대해서 신뢰를 하지 않는 경향이 있다. 평가결과의 신뢰를 회복하기 위해서는 수행평가의 타당도와 객관도를 개선하는 노력부터 이루어져야 한다. 수행평가는 학생의 수행과정이나 수행결과를 주로 관찰이나 면담 등에 의해 자료를 수집하고 분석하므로 교사의 주관이 작용할 가능성이 많다. 따라서 평정이나 채점을 하는 교사의 객관화에 대한 노력이 요구된다. 다음으로, 수행평가의 타당도를 높이기 위해서는 평가목표와 부합된 우수한 도구개발이 선행되어야 한다. 이를 위해서는 교사의 수행평가에 대한 지식과 능력을 향상시킬 수 있는 다양한 연수 프로그램이 마련되어야 한다. 이에 대한 구체적인 논의는 다음에서 논의될 '교사 연수 강화'의 절에서 이루어진다.

요약하면, 이와 같은 수행평가 실시에 있어서 개선방안들의 전제는 바로 이러한 방안들의 근본적인 원인인 교사들의 지식과 경험이 축적되고 평가실시 시간이 확보되어야 실효성 있는 수행평가가 실시될 수 있을 것이라는 점이다. 결국 우수한 평가도구의 개발 및 보급, 평가실시의 공정성과 객관성 확보, 평가결과 기록 및 관리방법의 개선, 평가결과 활용방안 모색 등도 교사가 능력과 경험이 있고 실시할 시간이 확보되어야 가능하다는 것이다. 그러나 이러한 경험의 축적과 실시시간의 확보와 같은 실시상의 개선방안들도 교사의 연수 및 홍보 강화는 물론 학급당 학생 수의 감축과 교사의 업무 축소와 같은 주변적인 상황이나 여건이 개선되어야 가능하다고 할 수 있다. 다음에서는 수행평가 실시 여건 측면에서의 개선방안에 대하여 논의할 것이다.

2. 수행평가 실시 여건의 개선방안

앞에서 초등학교 수행평가의 실시 여건과 관련된 구체적인 문제는 교사

연수 및 홍보 부족과 학급당 인원수 및 업무의 과다 등이라는 점을 지적하
였다. 초등학교 수행평가의 실시 여건과 관련된 해결방안은 교사연수 및 홍
보의 강화와 학급당 인원수 및 교사 업무의 축소 등이라고 할 수 있다.

가. 교사 연수와 홍보 강화

앞 장에서 살펴본 바와 같이 수행평가의 실시 여건과 관련된 문제는 교
사, 학생, 학부모와 행정가들이 수행평가의 개념, 방법, 절차 등의 이해 부
족으로 인하여 부정적인 인식과 태도를 갖게 되었다는 점이다. 따라서 수행
평가가 성공적으로 정착되기 위해서는 부정적인 인식과 태도부터 바뀌어야
하고 이런 인식을 바꾸기 위해서는 교사와 행정가에 대한 연수가 강화되어
야 하며 학생과 학부모들을 상대로 홍보도 강화되어야 한다.

먼저, 수행평가에 대한 교사와 행정가의 인식과 태도 개선을 위해서는 수
행평가의 개념·방법·절차 등에 대한 연수와 홍보를 강화해야 한다. 이러
한 연수의 경우 여러 가지 단계로 실시될 필요가 있다. 우선, 교육청 단위
에서 연수를 실시하되 수행평가가 정착될 때까지 각종 교육연수원에 수행평
가의 연수과정이 상설화될 필요가 있다. 이와 함께 학교중심의 연수가 강화
되어야 한다. 현장 중심의 실제적인 연수가 교사들에게 도움을 줄 수 있기
때문이다. 예를 들면, 동 학년별 수행평가 과제표 작성, 학기초 교직원 연
수 실시 등과 같은 것이다. 학기초에 교직원 연수는 외부에 권위 있는 강사
를 초빙하여 수행평가 이론에 대한 강의를 들을 수 있으며, 동 학년별로 수
행평가과제를 작성해 보거나 채점기준표를 공동으로 개발하는 등 학년 단위
의 연수를 마련할 수도 있을 것이다. 또한 개인 연수도 권장해야 할 것이
다. 그리고 교육청 단위의 연수와 학교 단위의 연수가 상호보완관계를 유지
할 필요가 있다. 예를 들면, 교육청 단위의 연수에서는 수행평가의 이론적

인 측면, 즉 도구개발 위주로 연수가 이루어지는 반면에 학교 단위의 연수에서는 수행평가의 실제적인 측면, 즉 교과별 과제 작성 및 활용 위주로 이루어질 필요가 있다.

다음은 교사 연수와 함께 학생과 학부모들에 대한 홍보도 이루어져야 한다. 학생들과 학부모들에게 수행평가에 대하여 올바로 이해할 수 있도록 홍보활동이 이루어져야 한다. 수행평가에 대한 학생들과 학부모들의 이해 부족은 그들만의 책임이 아니라 교사들에게도 책임이 있다. 소극적인 방법이기는 하나 교사가 수행평가의 본질에 맞는 방법으로 실시하면 자연히 해결될 수 있는 문제이다. 수행평가를 숙제에만 의존하거나 지나치게 많은 과제물을 제시하는 등의 일은 수행평가에 도움이 되지 않는다. 또한 학생과 학부모들에게 수행평가에 대해서 적극적으로 홍보할 필요도 있다. 학부모들에게는 학년 초에 학부모 모임에서 자녀들의 성적평가 방식과 수행평가 방법에 관한 연수나 가정에서의 지도 방안 등에 대한 연수를 개최할 수 있을 것이다.

나. 학급당 인원수와 업무의 축소

현재 초등학교에서 수행평가의 실효성을 거두기 위해서는 무엇보다도 절대적인 평가 실시 시간을 확보하는 일이다. 이를 위해서는 교사 1인당 학생수의 축소와 각종 교사 업무의 축소가 필요하다.

먼저, 교사가 평가에 전념할 시간을 확보하기 위해 가장 필요한 방안은 학급당 인원수의 감축이다. 정부에서도 이러한 수행평가나 7차 교육과정 적용을 위해서 2002년에 교사 1인당 인원수를 35명으로 축소하려는 정책을 추진하고 있다. 그러나 학급당 인원수가 35명으로 감축되었다고 하여 수행평가를 실효성 있게 실시할 수 있는 여건이 갖추어졌다고 말할 수는 없다.

이상적이긴 하나 최소한 20~30명 정도로 교사 1인당 학생 수가 축소되어야 수업과 생활지도는 물론 수행평가가 제대로 이루어질 수 있을 것이다.

또 하나의 개선방안은 과도한 교사의 업무를 축소해 주는 일이다. 우선 불필요한 교사들의 잡무를 줄이는 일부터 시작하여 학급 사무, 학교 분장 사무 등으로부터 해방시켜 주어야 한다. 이를 위해서는 교과전담교사를 확대 배치하거나 기간제 보조교사 제도를 도입하여 학급담임교사의 업무를 축소해 줄 필요가 있다. 이 외에도 교육과정의 내용을 조정하거나 축소하여 수업부담을 줄이는 방안도 고려해 볼 수 있을 것이다. 김주환(1999)도 현행 교육과정과 교과서의 내용의 중복이 수행평가에 부담이 된다는 점을 지적하고 있다. 그리하여 교사들로 하여금 수업을 위한 교재연구와 학생평가에 전념할 수 있는 여건을 만들어 주어야 한다.

요약하면, 이처럼 초등학교 수행평가의 실시 여건상의 개선방안은 교사연수 및 홍보의 강화와 학급당 인원수 및 교사 업무의 축소 등이라고 할 수 있다. 결국, 이상의 수행평가 실행상의 개선방안은, 우수한 평가도구의 개발 보급, 평가 실시 방법의 개선, 평가결과 기록 및 관리방법의 개선, 평가결과의 활용방안 모색 등과 수행평가에 대한 교사연수 및 홍보강화, 학급당 학생 수의 감축, 교사의 업무 축소 등이라고 할 수 있다.

Ⅶ. 초등학교 수행평가 실행의
문화적 특징

　여기서는 초등학교 교사들이 수행평가를 실시하는 문화적 특징이 무엇인가를 규명하고자 한다. 이와 관련하여 허인수(1999a)는 수행평가 적용문화로 계획의 형식주의, 쉬운 문항 선호, 실기평가의 편의주의, 결과기록의 축소지향, 결과활용의 관리지향을 지적하였다.

　질적 자료의 분석 결과 초등학교 교사들이 수행평가를 실시하는 문화적 특성은 결과를 중시하고, 형식적으로 실시하며, 획일적이고, 평가결과와 기록이 다른 이원적 평가를 하는 것으로 볼 수 있다. 이러한 실행 문화의 특성을 보다 분석적으로 기술하면 다음과 같다.

1. 결과 위주 평가

　수행평가는 과정과 결과에 대한 평가가 동시에 중요시되어야 한다. 수행평가의 특징 중 하나는 교수·학습의 결과뿐 아니라 교수·학습의 과정을 중시한다는 점이다(성태제, 2000). Linn과 Gronlund(1995, 성태제, 2000 재인용)도 수행평가는 과정의 효과성, 진행 과정, 과제 수행으로부터 얻은 결과를 판단하는 것을 의미한다고 하였다. 따라서 수행평가는 지식이나 기능에 의한 정답 여부나 결과물에만 관심을 두는 것이 아니라 수행 과정과 결과를 종합적으로 평가해야 한다.

그러나 연구대상학교에서 실시되는 수행평가는 결과 위주로 평가하는 문화가 지배적이다. 이러한 결과위주의 평가 모습은 여러 가지 경우에 발견된다. 첫째, 초등학교에서 수행평가가 주로 교수·학습활동이 종료된 이후에 일제평가방식으로 실시되고 있다. 단위시간의 교수·학습활동 중에 수업과 함께 평가가 이루어지지 않고 대개는 수업이 종료된 뒤에 평가가 실시되고 있다. 미술수업을 예로 들면, 수업의 주제가 '그리기'의 경우에 교사는 전체 두 시간의 수업시간 중 거의 대부분의 시간을 그리는 활동에 시간을 할애하고 수업 종료 직전이나 대개는 수업 종료 후에 가장 잘된 작품 중 한 점을 제출토록 하여 그 작품을 보고 평가를 한다. 이것은 그리는 과정이나 도구 사용 기능에 대한 것을 중시하기보다는 작품의 결과만을 중요시하는 것으로 볼 수 있다.

둘째, 초등학교 교사들은 수시로 평가하기보다 학기말에 일괄평가를 실시하는 경우가 많다. 교사들은 수시로 평가한 결과를 누가 기록해 두었다가 이들을 종합적으로 평정하여야 하는데 평상시에는 별로 관심을 보이지 않다가 학기말에 한두 번 정도의 일괄적인 평가로 대신하는 경우가 많다. 수행평가를 위해서 수시평가 자료를 종합적으로 정리하여 평정을 하는 것이 아니라 교사가 평소에 갖고 있는 생각을 바탕으로 평정을 하고 있으며, 오히려 그것이 더 정확하다고 생각하는 교사들이 많다는 것이다. 경우에 따라서는 평가계획을 수정하거나 평가를 형식적으로 실시해 버리는 수도 있다.

교과 진도에 따라 실시되어야 할 수행평가가 시간이 없어 적시에 하지 못하고 학기말이 다가오면 한꺼번에 실시하고 있습니다. (19년 교직경력의 1학년 담당 여교사)

셋째, 학생의 발달과정이나 수행과정보다는 기능이나 능력의 성취결과가 중요시되고 있다. 학생의 참여도나 발달의 정도보다는 작품의 결과나 현재 능력의 유무가 중요한 평가기준으로 작용한다. 즉, 현재 학생이 소유하고 있는 기능의 능숙함에 의해 평가된다고 볼 수 있다. 주어진 기간 동안에 진보의 정도가 아무리 크다 하여도 학기말에 가서 평가하는 순간에 능력이나 기능이 부족하면 좋은 평가를 받을 수 없다. 학생들의 성취에 있어서 일정한 교육과 지도를 받은 후에 학생의 진보 정도에 따른 평가가 아니라 현재 지니고 있는 능력에 따른 평가가 이루어진다.

그렇다면 초등학교 수행평가가 결과 위주로 이루어지는 직접적인 이유나 원인은 무엇인가? 첫째는 번거롭고 복잡한 과정중심의 평가의 회피에 있다. 교사들이 수시로 평가하여 기록하는 과정중심의 평가는 번거롭고 복잡하기 때문에 단 한 번에 평가할 수 있는 결과평가를 선호한다고 볼 수 있다. 교사들이 수업활동에 치중하다 보면 수시로 평가하기란 너무 업무가 벅차고 실제 지도에 열중하다 보면 평가할 시간적 여유도 갖기 어렵기 때문이라는 것이다.

둘째는 과거부터 내려오는 결과 위주로 평가해 온 총괄평가의 관행 때문이다. 과거에 초등학교에서는 교과활동의 평가를 실시할 때 주로 결과 위주의 총괄평가를 실시해 왔다. 이러한 결과중심의 평가 관행이 아직까지 남아 있어 단 한 번의 결과평가로 편리하게 하려는 경향이 있기 때문이다.

이상에서 본 바와 같이 초등학교에서 교사들은 수행평가를 실시할 때 과정과 결과를 모두 중시하여야 하는데, 과정보다는 결과를 중시하는 결과 위주의 평가 문화를 따르고 있다고 할 수 있다.

2. 형식적 평가

초등학교에서 평가의 목적과 기능은 다양하다. 그중에서도 특히 중요한 기능은 학습동기의 유발과 학업성취도 확인 및 수업개선을 위한 피드백 기능으로 볼 수 있다. 교수·학습 평가를 통해서 학습한 내용을 다시 정리할 기회를 제공하며 학습한 내용에 대한 학업성취도를 확인하여 학생에 대한 정보를 수집하여 통지하거나 교사가 교수학습 개선을 위한 자료로 활용할 수 있다. 따라서 이러한 평가의 목적이나 기능을 달성하기 위해서는 정확한 자료의 수집과 실질적인 평가를 통해서만 가능하다.

그러나 초등학교에서 실시되고 있는 수행평가는 실질적으로 이루어지지 않고 요식적이고 피상적으로 이루어지고 있다고 할 수 있다. 이러한 초등학교 수행평가의 형식적인 모습은 계획수립, 도구개발, 실시과정, 결과활용 단계에서 발견되고 있다.

첫째는, 수행평가가 계획수립 단계에서 형식적으로 이루어지고 있다. 수행평가 계획은 체계적인 방식으로보다는 대충대충 수립되는 경우가 많다. 평가계획이 제대로 실천되고 추진되기 위해서는 학기초에 철저하게 수립되어야 한다. 그러나 현장 학교에서는 전년도 계획을 평가일시만 바꿔 그대로 사용한다거나 다른 학교의 평가계획을 그대로 가져다 사용하는 등 요식적으로 수립하는 경우가 흔하다. 한 교사와의 면담 자료를 소개하면 다음과 같다.

> 분명 장학지도 〔대비〕를 위해 학교마다 계획은 수립한다. 평가문항도 예시한다. 하지만 그건 사용되지 않는 형식적인 장부일 뿐이다. 워낙 내용이 다양하고 양이 방대하며 교사에 따라 평가 내용과 영역이 다르기 때문에 활용될 수 없는 그야말로 막연한 계획일 뿐이다. (21년 경력의 6학년부장 여교사)

둘째는, 도구개발의 형식성에서 찾아볼 수 있다. 수행평가 도구의 개발도 요식적으로 이루어지고 있다. 이미 개발되어 있는 전 학년도 평가도구나 인터넷에 있는 자료들을 활용해서 타 학교나 학급의 평가도구를 그대로 베껴 사용하는 경우가 흔하다는 것이다. 물론 수행평가의 도구는 매년 크게 달라지지 않아도 평가를 할 수는 있다. 그러나 학급 아동들의 특성이 다르고 지도교사의 지도 목적과 내용이 달라지면 평가기준이나 척도가 달라져야 한다. 따라서 학급 특성을 감안하고 지도나 활동 목표에 맞는 평가를 하기 위해서는 요식적으로 전년도 또는 타 학급의 평가도구를 그대로 베껴 사용해서는 문제가 있다.

> 교사들이 실제 학생들의 특성이나 교육과정에 맞추어 재구성하는 수행평가 개발은 거의 하지 못합니다. 바쁜 업무로 인해 교재 연구를 하지 못하기 때문에 거의 웹상의 자료를 그대로 다운받아 사용하는 형편입니다. …… 현장에서는 거의 개발하지 않습니다. 교육청 개발 장학자료인 수행평가 자료집에서 그대로 사용하고 있는 형편입니다. 거의가 아니라 대부분 그렇게 구입 사용하기 때문에 도구 개발 자체의 어려운 점이 무엇이지 알지 못할 것입니다. …… 다운받아 사용하기 때문에 질 수준조차 가름하지 않고 그대로 사용하는 경우가 대부분일 것입니다. (21년 경력의 6학년부장 여교사)

셋째, 배점 부여의 형식성에 있다. 수행평가를 실시할 때 각 영역별 평가관점에 따른 행동척도상의 배점 부여 방식이 매우 형식적이다. 연구대상학교의 경우 수행평가의 평가관점에 대한 척도가 보통 '상', '중', '하'로 구분되고 이 단계마다 구체적인 행동관점들이 예시되어 있다. 교사들은 평가할 때 개인의 수행능력에 따라 상, 중, 하 중의 어느 하나에 배점을 부여해야 한다. 그러나 교사들은 '상'과 '하'에 먼저 배점을 부여하고, 나머지 대다수는 '중'으로 부여해 버린다. 교사들이 이렇게 평가하는 이유는 편의상 혹은 시간상의 이유로서 집단 속에서 개인별로 일일이 개인의 특성을 발견해 내기가 어렵기 때문이라는 것이다. 따라서 학생들의 입장에서 보면 다른 학생들보다 특별히 잘하거나 특별히 못하지 않으면 평정은 모두 '중'에 속하게 된다. 이렇게 하다 보면 수행평가에서 중요시하는 개인의 수행능력은 드러나지 않을 수도 있다.

넷째, 평가결과 서술문의 형식과 용어의 추상성에서 찾을 수 있다. 수행평가 후 결과에 대한 서술문의 형식과 용어가 극히 제한적이고 추상적이다. 교사들은 수행평가 결과에 대한 서술을 한 문장을 넘지 않을 정도로 간단하게 진술하고 있으며, 그 용어도 매우 추상적이고 피상적으로 표현하고 있다. 예를 들면, 생활기록부 기재사항의 평정에 대한 서술 형식과 용어가 "…… 이 우수함", "…… 에 노력이 요구됨" 등이다. 이와 같이, 형식적으로 표현하는 이유는 다인수 학급에서 개개인에 대한 평가를 하는 데 시간과 노력이 많이 들고, 또한 각종 장부의 기록란이 적어서 자세하게 기록하기 곤란하며, 평가는 수업보다 중요하지 않다고 생각하기 때문이라고 할 수 있다. 여기에서 문제는 이와 같은 수행평가는 평가로서의 기능을 실질적으로 하기가 어렵다는 점이다.

다섯째, 기록의 형식성은 평가 결과의 기재 사항을 기록할 공간이 너무 적다는 점에 있다. 현재 초등학교에서 이루어지고 있는 수행평가의 결과 기록은 전체 교과에 걸쳐 종합적으로 간단히 서술하게 되어 있다. 평가 자체는 자세하게 이루어진다고 해도 결과의 기록란이 적어 간단히 기록할 수밖에 없는 것이다. 수행평가 결과를 활용하기 위하여 작성하는 양식(통지표나 생활기록부)의 공간이 적어 평가내용을 세부적으로 기록하는 데 제한적이라는 것이다. 따라서 평가는 세부적으로 자세하게 이루어졌다고 하더라도 대충 형식적으로 기록할 수밖에 없다는 것이다. 결국 이렇게 몇 마디의 간단한 서술로 평가결과를 기록하다 보니 실제 평가도 형식적으로 하게 된다는 것이다. 서술형 질문지 자료를 인용하면 다음과 같다.

기록의 의미는 수요자인 학생이나 학부모에게 별 의미가 없는 만큼 교사 또한 기록해야 할 필요성을 많이 느끼지 못한다. 더더군다나 생활기록부나 통신표의 서술형 평가 평정은 더더욱 기록의 의미를 없애 준다. 조사부에 간단하게 체크해 두는 정도이다. (21년 경력의 6학년부장 여교사)

여섯째, 서술문 기록 내용의 형식성에 있다. 수행평가 결과의 서술에 있어서 학생 개인의 수시평가 자료를 활용하지 않고 교사가 생각나는 대로 혹은 인용 자료대로 대충 기록하는 경우가 많다. 평소에 수시로 누가 기록된 학생의 수행과정이나 성취에 대한 자료들을 고려하여 평가하지 않고 시중에 돌아다니는 '교육자료'나 '새교육' 잡지에 부록으로 제공되는 평정의 예문을 보고 학생의 경우와 비슷하면 그대로 옮겨 적는 경우가 허다하다. 경우에 따라서는 한 학급에 평정 결과의 기재사항이 똑같은 학생이 여러 명 나오는 경우도 발생한다.

일곱째, 자료수집 과정이 형식적이다. 연구대상학교에서 수행평가를 위한 자료수집 과정이 형식적으로 이루어지는 경우가 많았다. 본 연구의 정보제공자들에 의하면 수행평가 담당자가 학생들의 활동을 수시로 관찰하여 누가 기록하고 그 자료들에 의하여 종합적으로 평가하는 것이 아니라 학기말에 가서 생각나는 대로 평가하는 경우가 많다는 것이다. 물론 수업을 하면서 수시로 평가하여 누가 기록하는 경우도 관찰하기 어려웠다. 결국, 평가결과 얻어진 자료를 활용하여 평정하여야 하지만 교사의 주관대로 평정해 버리는 경우가 허다하다는 것이다.

그러면 이처럼 교사들이 요식적이고 형식적으로 평가하는 이유나 원인은 무엇인가? 첫째는 평가 자체를 중요하게 여기지 않기 때문이다. 수업을 충실히 하는 것 자체로 충분하다고 생각하는 것이다. 교사들은 학교의 업무도 많고 수업지도와 생활지도를 하기도 힘든데 수행평가까지 제대로 할 수 없어 대충하고 넘어간다는 것이다. 둘째는 수행평가 결과가 실제로 별로 중요하게 활용되지 않기 때문이라는 것이다. 교사나 학부모들은 아동들의 학업 성취도 확인을 위해 수행평가의 결과를 신뢰하지 못한다는 것이다. 간단한 몇 마디의 평가 내용이 학생들을 이해하는 데 도움이 되지 않는다는 것이다. 셋째는 복잡하고 번거로운 평가계획대로 하기보다는 간단하게 평가하기를 선호하는 편의주의와 교사들의 수동적인 태도에서 비롯되었다고 할 수 있다. 넷째는 학부모들과 행정가들의 무관심 때문이라는 것이다. 평가 과정이나 결과에 대한 내부와 외부의 확인이나 통제가 약하거나 책임 소재를 묻지 않기 때문에 제대로 평가하지 않고 요식적으로 평가한다는 것이다.

이상에서 본 바와 같이 초등학교에서 교사들이 실시하고 있는 수행평가는 매우 중요한 기능을 가지고 있음에도 불구하고 계획수립, 도구개발, 평가실시과정, 결과서술 등에서 '대충 평가하기'를 선호하거나 계획과 실제가 다른 요식적이고 형식적인 평가를 실시하고 있는 것으로 볼 수 있다.

3. 획일적 평가

수행평가는 학생들이 습득한 지식이나 기능을 잘 수행하는지를 다양한 방법을 통하여 종합적으로 판단하는 평가방법이라고 할 수 있다(최연희·권오남·성태제, 1998). McMillan(1997)도 수행평가의 특징으로 다양한 준거와 기준이 사전에 공개적으로 제시된다는 점을 들고 있다. Popham(1995)은 진정한 수행평가가 되기 위해서는 다양한 기준이 있어야 한다고 하였다. 또한 수행평가는 개개인의 변화와 발달과정을 종합적으로 평가하기 위해 여러 측면의 지식과 기술을 지속적으로 평가할 것을 강조하며, 학생 개인뿐만 아니라 집단에 대한 평가도 중요시하며, 모든 학생들에게 일률적으로 시행되는 표준

화검사와 달리 교사와 학생 모두에게 과제에 대한 선택권을 부여한다는 점을 들 수 있다(성태제, 2000; Herman, Aschbacher, & Winters, 1992). 그리 고 수행평가의 개념 중 가장 핵심적인 것은 피평가자가 반응, 즉 산출물을 직 접 구성한다는 점이다(김명숙, 2000; 백순근, 1998; 성태제, 2000). 따라 서 수행평가는 그 개념에 충실한 평가를 하기 위해서는 산출물의 구성에 있어 서 반응구성의 자유도가 높아야 한다. 완성형이나 단답형과 같은 낮은 수준의 반응 구성을 요구하는 평가는 종전의 전통적인 평가와 차별화되지 않기 때문 이다. 따라서 지필평가라도 논술형과 같이 비교적 높은 수준의 반응 구성을 요구하는 평가가 이루어져야 한다.

이처럼 수행평가는 다양한 준거에 의해서 다양한 방법으로 이루어져야 함 에도 불구하고 초등학교에서는 수행평가를 획일적으로 실시하고 있다. 학년 과 학급의 교사들마다 평가도구가 획일적이고, 평가 실시 일정이 동일하며, 평가 유형과 방법이 편협하다는 것이다.

첫째, 학교, 학년, 학급마다 평가과제와 평가기준 및 채점기준이 획일적이 다. 학교마다 그리고 학급 교사마다 평가도구의 평가영역 설정이나 평가과제 및 평가와 채점기준이 거의 유사하다. 물론 교사의 업무과다를 고려할 때 다 양한 평가도구의 개발을 기대하는 것은 무리이고, 오히려 실효성 있는 평가 를 위해서는 전문가들이 평가도구를 개발하여 학교에 보급하고 이것을 교사 들이 활용할 필요가 있다. 그러나 교사들은 평가계획을 수립할 때 전년도 평 가도구를 수정하지 않고 그대로 사용하는 경우가 많고, 선도학교나 학급에서 먼저 만든 도구를 그대로 모방하여 사용하는 경우도 있다. 교사가 직접 개발 하거나 수정한 도구가 아니므로 사용에 있어서 형식적일 수밖에 없다.

전 학년도에 만들어진 문항들을 그대로 사용하고 있습니다. 그리고 교육과 정이 바뀐 학년(3, 4학년)은 이미 개발된 문항들은 구하여 사용하고 있습니 다. 평가문항을 교사가 학기초에 개발하기란 너무 바빠서 어렵습니다. 저는 평가문항의 개발이 중요한 것이 아니라 그것을 각 담임들이 수업 현장에서 어떻게 적용하느냐가 중요하다고 생각합니다. (약 10년 경력의 평가담당 여교사)

둘째, 초등학교에서 주로 사용하는 수행평가 유형과 방식이 획일적이다. 교사들은 수행평가의 유형을 다양하게 활용하고 있지 않다. 앞 절에서 본 바와 같이 많은 초등학교 교사들이 수행평가를 실시할 때 주로 관찰법과 포트폴리오를 이용한다. 교사들은 수행평가 방법 중에서 가장 손쉬운 관찰법을 사용하거나 전시효과를 노리기 위해 평가 흔적을 보여주면서 환경정리까지 할 수 있는 포트폴리오를 선호한다. 관찰법은 사실상 개인별로 실시하면 가장 많은 시간과 노력이 든다. 그러나 교사들은 의도적인 관찰을 통해 평가하는 것이 아니라 구체적인 자료조차 없이 평소의 생각을 토대로 평가하고 있다. 대신에 질문지법이나 평정법 등과 같이 복잡한 평가방식은 사용하기를 꺼리는 경향이 있다. 이렇게 획일적으로 평가하는 이유는 관찰법이 비교적 간단하고 특별한 준비자료 없이도 평가를 할 수 있기 때문이며, 포트폴리오는 주로 수업시간에 나온 결과물들을 이용하면 평가가 수월하기 때문으로 볼 수 있다. 수행평가 방식에 있어서도 상호평가나 소집단 평가방식들은 거의 사용하지 않고 개인 평가방식을 주로 사용하고 있다. 이러한 이유는 교사들이 아직 평가방식에 대한 이해와 경험이 충분치 않기 때문으로 보인다. 초등학교에서는 획일적인 평가유형과 방식을 주로 사용하기 때문에 교수학습의 다양한 영역과 학생들의 다양한 측면들을 제대로 평가하지 못하는 것으로 볼 수 있다.

셋째, 초등학교의 수행평가가 학년이나 학급마다 거의 일정한 시기에, 그것도 주로 학기말에 집중하여 실시한다는 점이다. 대부분의 학급에서 수행평가가 실시되고 있는 것을 관찰하면 수시로 한다고 하더라도 학기말에 집중되고 있는 것을 볼 수 있다. 이것은 대부분의 교사들이 평가계획에 따라 제대로 수시평가를 하는 것이 아니라 학기말에 요식적으로 평가를 실시하기 때문이며, 교사들이 과거의 전통적인 객관적 지필평가를 했던 관행대로 학기말에 실시하기 때문으로 보인다.

이와 같이 초등학교에서 수행평가를 획일적으로 실시하고 있는 이유는 쉽고 편리하게 평가하기 위해서라고 볼 수 있다. 교사들 사이에는 수업보다 중요하지 않은 평가를 빨리 간편하게 해치우자는 의식이 자리잡고 있다는 것이다. 수행평가의 계획서대로 하다 보면 절차가 까다롭고 힘들며 업무도 늘어나기 때문에 초등학교의 수행평가를 쉽고 편하게 하기 위해서 획일적으로 실시하고 있음을 알 수 있다.

이상에서 본 바와 같이 초등학교에서 실시되는 수행평가는 평가도구의 활용, 평가 실시 일정, 평가 유형 적용 등에 있어서 획일적으로 이루어지고 있음을 알 수 있다.

4. 이원적 평가

수행평가는 교수·학습과정의 한 형태이다(김명숙, 2000). 수행평가는 교수·학습과정의 한 부분이므로 교수·학습의 과정과 분리되어서는 안 된다. 또한 교수·학습과 평가는 연계되어야 교수타당도가 있다(김명숙, 2000). 교수타당도란 수행과제가 실제 교수·학습과정에서 얼마나 충실하게 학습이 되었는가를 나타낸다(배호순, 1999). 평가과제가 수업시간에 배운 것일 때 교수타당도가 있게 된다. 따라서 교수타당도를 높이기 위해서는 수업 내용과 평가과제가 연관성이 있어야 한다. 그러나 초등학교 현장에서는 '수업 따로 평가 따로' 현상이 일어난다. 물론 수업시간에 가르친 내용을 그대로 평가과제로 사용하라는 것은 아니다. 배운 내용을 활용하여 풀 수 있는 평가과제를 제시하라는 것이다. 그리고 초등학교에서 수행평가의 내실화를 기하기 위해서는 평가계획과 실제운영이 일관성이 있어야 한다. 수행평가계획대로 평가가 실시되어야 하는데 '계획 따로 실제 따로' 현상이 일어나고 있다. 즉, 평가목적에 따라 평가도구를 개발하고 이 평가도구를 활용하여 평가를 실시한 뒤 평가결과를 활용하여야 한다. 또한 앞에서 본 바와 같이 수행평가를 교과 영역별로 구체적으로 하였지만 기록할 공간이 적어 평가한 결과와 기록 내용이 일치하지 않아 '평가 따로 기록 따로' 현상이 일어나고 있다.

이처럼 초등학교에서 실시되고 있는 수행평가는 수업과 평가, 계획과 실행, 평가와 기록 등에서 이원적 내지는 이중적으로 평가가 이루어지고 있는 것을 발견할 수 있다. 이를 좀더 구체적으로 기술하면 다음과 같다.

첫째, 초등학교에서는 수업과 평가가 분리되고 있다는 것이다. 평가는 수업과 동시에 할 수도 있고 수업이 끝난 이후에 할 수도 있다. 그러나 자료 분석 결과에 의하면 연구대상학교의 많은 교사들은 수업이 끝난 이후에 수행평가를 하고 있다고 응답하였다. 이것은 특히 학생 수가 많은 다인수 학급에서 교사가 수업을 진행하면서 동시에 학생 개개인을 평가하기란 시간적으로나 업무상 쉽지 않기 때문이다. 이 경우에 수업과 평가를 동시에 하다 보면 수업목표 도달은 어렵고 평가 유도 수업이 될 가능성이 많다(허인수, 1999a). 따라서 초등학교에서 실시되고 있는 수행평가는 수업과 평가가 분리되는 현상이 일어나고 있다.

둘째, 수행평가의 추진계획과 실행이 일치하지 않는다는 것이다. 수행평가는 교사가 마음대로 실시하는 것이 아니라 학기초에 작성된 '수행평가계획서'에 근거하여 평가목적과 평가과제 및 평가기준과 채점기준을 설정하고 이를 학생들에게 사전에 공개하는 등 공정하고 타당하게 평가를 실시하여야 한다. 그러나 현장 초등학교에서는 학기초에 입안한 수행평가계획서를 토대로 평가를 실시하지 않고 교사의 임의대로 평가하고 있는 경우가 많다. 즉, 평가시기, 평가내용, 평가방법(평가기준과 척도) 등을 사전에 계획된 수행평가계획서대로 실시하지 않고 상황에 따라 교사 임의대로 결정하여 실시하고 있다. "수행평가 계획은 결재를 받기 위해서 형식적으로 작성하는 것이고 실제로 평가할 때는 대강대강 상황에 맞추어 평가를 실시한다"(21년 경력의 부장교사)는 것이다. 허인수(1999a)가 지적한 바와 같이 초등학교 수행평가에 있어서 '계획 따로 실제 따로'라는 계획의 형식적인 문화가 그대로 적용되고 있다. 이처럼 평가계획서대로 하지 않고 교사의 임의대로 하는 이유는 업무과다 등으로 제 일정에 맞추어 평가하기가 어려울 뿐만 아니라 교사들이 쉽고 편하게 수행평가를 실시하려고 하기 때문으로 볼 수 있다.

셋째, 수행평가의 결과와 기록내용의 불일치이다. 수행평가 결과를 활용하기 위하여 작성하는 학교생활기록부나 학교생활통지표의 결과 기재 양식의 공간이 적어 평가내용을 모두 기록하는 데 매우 제한적이다. 따라서 학생에 대한 평가는 교과별, 영역별로 세부적으로 이루어졌다 하더라도 공란이 적어 간단하게 기록할 수밖에 없다. 따라서 평가결과의 기록내용은 매우 피상적이고 추상적으로 기록될 수밖에 없다. 또한, 이렇게 짧은 몇 마디의 간단한 서술로 학생들의 교과활동 등에 대한 평가결과를 기록하다 보니 실제로 평가는 계획대로 할 필요가 점점 사라지고 대충 실시하게 되고 그 악순환이 반복된다는 것이다. "활용에 의미가 없으므로 기록 자체에 의의를 두는 교사가 많다"(21년 경력의 6학년부장 여교사). 이처럼 초등학교의 수행평가의 실시 및 활용 과정에서 '평가 따로 기록 따로' 현상이 빚어지고 있는 것이다.

> 경영부에는 많이 쓸 수가 없으니까, 실제로 한 것은 몇 개 써놓고 반영해버리지요. 이런 형태가 돼버리니까, 나 같은 경우는 수행평가를 해도 실제는 제대로 한데, 요 관계가 맞지 않지요.(3학년 담당 부장교사)

이처럼 초등학교에서 수행평가의 실시가 이원적으로 이루어지는 이유나 원인은 학업성취도 확인이나 학습동기유발 및 교수학습방법 개선을 위한 교육적이고 실질적인 필요에 의해서 평가하기보다는 성적 산출을 위한 관리적 측면에서 평가를 하기 때문이다. 실질적인 필요성을 못 느끼는 가운데 관리적인 측면에서 마지못해 평가해야 하기 때문에 '하는 척' 흉내만 내며 그 결과 이원적으로 이루어질 수밖에 없다. 이것은 앞에서 언급한 형식성과도 관련되는데, 반드시 할 필요가 없는데도 불구하고 문서상으로 한 것처럼 해야 하기 때문에 형식적으로 할 수밖에 없다는 것이다.

이와 같이 초등학교에서 실시되는 수행평가는 계획과 실제가 다르고 평가 결과와 기록내용이 다르며 평가가 일관성이 부족하다는 등 이원적인 평가가 일어나고 있음을 알 수 있다. 이상에서 본 바와 같이 결국 초등학교에서 교사들이 실시하고 있는 수행평가의 문화적 특징은 결과위주의 형식적이며 획일적이고 이원적인 평가라는 점을 알 수 있다. 이러한 초등학교 수행평가 실행상의 특징이 모두 부정적인 측면에 속하며 이것이 곧 현재 초등학교에서 실시되고 있는 수행평가를 내실화하는 데 있어서 문제점이 될 수 있다.

Ⅷ. 초등학교 수행평가 실행의
문화적 주제

 본 연구는 초등학교에서 교사들이 수행평가를 어떻게 실시하는지 그 문화를 이해하는 데 목적이 있다. 따라서 여기에서는 초등학교 교사들이 수행평가를 실행하는 문화를 보다 심층적으로 이해하기 위해 수행평가 실행의 문화적 주제가 무엇인가를 밝히고자 한다.

 이 분야의 선행연구로는 허인수(1999a)의 연구가 있다. 그는 초등학교 수행평가 적응문화의 문화적 주제로 실질주의, 수업우선주의, 소극적 수용주의를 제시하고 있다. 여기서 실질주의는 '이론보다 실제 평가하기가 용이해야 한다'는 것으로 교사가 학생을 평가할 때 이론적 원칙을 지향하기보다 실제로 사용하기가 좋은 평가방식을 지향하는 의식 상태를 뜻한다고 한다. 수업우선주의는 '수업을 잘해야 한다'는 것으로 평가자체를 무시하는 것이 아니라 과거 일제고사와 같이 주로 학기말에 평가를 집중해서 하던 시기에 굳어진 문화적 지식이라고 하였다. 소극적 수용주의는 '하는 것 같지만 실제는 다르다'라는 것으로 수행평가가 실제로 하기 어려운 이론적 요구에 대해 상황에 따라 형식적으로 적응해 온 방식으로 어쩔 수 없이 받아들이는 수행평가의 방식을 의미한다. 이러한 수행평가 적응문화의 연구는 수행평가 도입 초기에 교사들이 어떻게 대응하는가에 관심이 있다. 그러나 본 연구는 수행평가가 이미 적용되고 있는 시점에서 우리나라 초등학교에서는 어떻게 수행평가를 실시하고 있는지에 초점을 두고 있다. 또한, 이 외에도 허인수 (1999a)의 연구는 교사들이 수행평가 도입에 대한 적응문화에 관심을 두는 반면에 본 연구는 초등학교 수행평가의 실시상의 문화적 주제에 관심을 둔다는 점에서 차이가 있다고 할 수 있다.

자료 분석을 통해 드러난 초등학교 교사들이 실행하는 수행평가의 문화적 주제는 수업우선주의, 실질적 편의주의, 소극적 대처주의, 관리지향주의라고 할 수 있으며 이를 구체적으로 살펴보면 다음과 같다.

1. 수업우선주의: "평가보다는 수업이 우선이다"

'수업이 평가보다 우선이다', '수업을 하다 보면 평가할 시간이 없다', '평가는 수업보다 중요하지 않다' 등 수업을 중요시하는 말들에서 평가를 가볍게 여기는 수업우선주의의 초등학교 수행평가 문화를 찾아볼 수 있다. 여기서 '수업우선주의'란 평가가 불필요하다고 하기보다는 여러 가지 여건상 평가를 경시하고 수업을 먼저 고려하거나 수업을 중요시하는 것을 뜻한다.

평가 경시 풍조인 수업우선주의는 수행평가의 전체 과정 중 특히 실시과정에서 드러난다. 앞 장의 면담 결과에서 본 바와 같이, 수업과 평가는 연계되어야 바람직하나 실제에 있어서는 분리되고 있다는 것이다. 수업시간이 부족하여 진도 나가기에 바쁘기 때문에 평가는 뒤로 미루고 수업에 우선적으로 시간을 사용한다는 것이다. 교사들 사이에는 일단 수업을 하고 시간이 나면 평가하려는 풍조가 있기 때문이다.

초등학교 수행평가 실행의 문화적 특징 중 결과 위주 평가와 형식적인 평가 및 이원적인 평가는 모두 평가보다는 수업을 우선시하고 평가를 경시하는 수업우선주의에서 비롯되었다고 볼 수 있다.

먼저, 결과 위주의 평가는 수업과정에서 평가보다는 수업 그 자체를 우선시하는 풍토와 관련이 있다. 수행평가에서는 결과평가와 함께 과정평가를 모두 중시한다. 그리고 앞에서 기술한 바와 같이, 교육의 과정 측면에서 볼 때 수업과 평가는 연계되어야 이상적이다. 따라서 학생들의 학업성취도를 확인하고 성취동기를 유발하기 위해서는 수업의 과정에서 평가가 이루어져야 할 뿐만 아니라 수업이 종료된 후에도 평가가 이루어져야 한다. 그러나 초등학교 교사들이 과거의 일제고사를 보던 관행대로 과정평가를 소홀히 하고 수업이 종료된 이후에 결과평가만을 실시하려는 것은 수업보다는 평가가 중요하지 않다고 생각하기 때문이다. 허인수(1999a)가 지적한 바와 같이, 평가 경시 풍조의 의미가 단순히 평가보다 수업이 중요하다고 하기보다는 뒤진 수업진도를 나가기 위해 평가보다는 수업부터 먼저 해야 한다는 의미가 내포되어 있다는 것이다.

다음으로 요식적이고 형식적인 평가도 평가를 경시하고 수업을 우선시하는 태도에서 찾아볼 수 있다. 요식적 평가가 이루어지는 사례를 들면 다양하다. 즉, 수행평가를 실시하고자 할 때는 사전에 평가계획을 공개하고 계획에 따라 실시하여야 하나 교사들은 이러한 평가계획을 무시하고 임의대로 수업시간의 여유가 생기면 평가를 한다. 그리고 수업 진도를 나가기에 바쁘고 평가할 시간이 부족하면 수행평가과제를 숙제로 내주기도 한다. 교사들이 평가도구를 직접 개발하지 않고 타 학교에서 개발한 자료나 인터넷의 자료를 그대로 베껴서 사용한다. 이러한 요식적인 평가의 사례들은 모두 평가보다는 수업을 우선시하는 평가 경시 풍조에서 비롯된 것으로 볼 수 있다.

그리고 이원적인 평가도 교사들이 수업보다는 평가를 경시하는 풍조에서 나온다고 할 수 있다. 수업과 평가는 연계되어야 바람직하나 실제로는 분리되고 있다. 초등학교 수업현장에서는 '수업 따로 평가 따로' 현상이 일어나고 있는 것이다. 이것은 수업시간이 남거나 수업이 모두 종료된 후에 평가하거나 그것도 부족하면 과제로 처리하는 경우에서 평가보다는 수업을 중시하는 것을 알 수 있다.

이와 같이 수행평가의 문화적 특성인 결과위주, 형식성, 획일성, 이원체계 등의 문화적 지식에서 공통적으로 찾아볼 수 있는 의미는 바로 '수행평가는 별로 중요하지 않다'는 것이다. 즉, 교사들에게 수행평가는 '수업보다 중요하지 않다', '하나마나하다'라는 의미로 받아들여지고 있다는 것이다. 수행평가의 자료가 학생들의 학업성취도의 확인이나 교수학습 개선자료로 활용된다는 점을 고려하면 평가는 교육의 과정에서 소홀히 할 수 없는 중요한 기능을 담당한다. 수행평가의 결과가 진로 결정이나 상급학교 진학에 중요하게 활용된다면 형식적이고 획일적이며 이원적으로 평가하거나 관리 지향적으로 평가함으로써 수업보다 평가를 경시하지는 않을 것이다.

그렇다면 왜 초등학교 교사들은 수행평가보다 수업을 우선시하며 수행평가를 하나마나한 평가로 여기는가? 첫째는 교육의 과정에서 볼 때 전통적으로 수업이 평가보다 먼저 이루어지고 또한 중요시되어 왔기 때문이다. 아직도 과거의 일제고사식 지필평가의 관행이 남아 있어 수업이 종료된 후에 평가하는 것 정도로 여기고 있다는 것이다.

둘째는 교사들은 수행평가를 실시해 보아야 결국에는 특기사항 몇 마디 정도밖에 기록하지 않으며 충분히 활용되지 않기 때문이라고 생각한다. 교사들은 학기초에 수행평가 계획을 세우고 이 계획대로 각 교과와 영역별로 평가를 실시한다. 그런 후에 학기말에 가서 평가결과를 통지하거나 기록을 유지하기 위해서 정리하게 된다. 이때 이들 양식에 기록할 공간이 적기 때문에 한두 마디 정도로 간략히 적을 수밖에 없어 자세한 평가내용은 생략되게 마련이다. 교사들은 수행평가를 계획대로 하지 않고 대강대강 해도 그와 같은 간단한 몇 마디의 평가에 대한 서술은 할 수 있다고 생각하기 때문이다. 결국 교사들은 수행평가를 한 후 기록과정이 엄밀하게 이루어지기를 요구받지도 않고 활용범위도 작아서 '하나마나한 평가'라고 생각한다는 것이다.

셋째는 교사들은 수행평가 자체에 대한 필요성과 인식이 부정적이기 때문이다. 면담 자료에 의하면, 교사들은 연수나 홍보의 부족으로 수행평가의 개념 자체에 대한 이해가 부족할 뿐만 아니라 초등학교에서 수행평가가 제대로 실시되지 못하고 있으며 그 기능 수행도 미약하다고 생각한다는 것이다. 특히 교사들은 실제로 수행평가를 하지 않더라도 담당 학생들에 대하여 파악을 하고 있다고 생각하기 때문에 따로 수행평가를 할 필요가 없다고 생각한다는 것이다. 그리고 실제로 평가해 보아야 그 결과가 이미 파악한 것과 크게 다르지 않다고 보기 때문이다. 따라서 교사들은 수행평가는 하나마나한 평가라고 인식하고 있다는 것이다.

이상에서 본 바와 같이 초등학교 수행평가가 결과 위주로 형식적이며 이원적으로 실행되고 있는 것은 초등학교 교사들의 수업우선주의에서 비롯된 것으로 볼 수 있다. 즉, 초등학교 교사들은 수행평가를 중요하지 않고 하나마나한 것으로 여기고 있음을 알 수 있다.

2. 실질적 편의주의: "평가는 실질적으로 간편해야 한다"

수행평가에서 '실질적 편의주의'란 수행평가의 이론과 절차에 따라 원칙적으로 평가를 실시하기보다는 평가의 실제와 여건을 고려하여 실질적으로 간편하게 평가를 실시하려는 풍조라고 할 수 있다. 이 실질적 편의주의는 원칙적으로는 수행평가를 이론적 원칙과 절차에 맞게 실시하여야 하나 여러 가지 실제 상황과 여건에 따라 생략하거나 간편하게 실시하려는 의식 구조 라고 할 수 있다.

실질적 편의주의는 평가계획 수립과 도구개발, 실시과정과 결과활용 단계 에서 드러난다. 첫째, 실질적 편의주의는 계획수립단계 및 도구개발단계에 서 드러난다. 수행평가를 제대로 실시하기 위해서는 평가목적의 설정, 평가 과제의 설정, 평가준거의 설정, 채점기준의 작성, 평가결과의 보고 및 활용 의 단계 등 여러 가지 복잡한 과정과 절차를 거친다. 평가계획이란 바로 이 러한 과정을 어떻게 추진할 것인가에 대한 설계이다. 따라서 평가계획을 수 립할 때는 학교와 학급의 실정을 고려해야 한다. 평가도구의 개발도 마찬가 지이다. 그러나 연구대상 초등학교에서는 수행평가계획을 수립하고 평가도 구를 개발하는 데 이러한 과정과 단계를 제대로 거치지 않고 작년도의 계획 이나 도구를 그대로 사용하거나 타 학교의 계획이나 도구를 그대로 활용한 다. 이것은 복잡한 평가계획수립과 도구개발의 과정을 거치지 않고 간편하 게 하려는 의도에서 비롯하고 있다고 할 수 있다.

둘째, 평가실시 및 결과활용 단계에서도 실질적 편의주의를 찾아볼 수 있 다. 연구대상학교의 교사들은 학급 전체 학생들을 평가할 때 평정 기준이 상, 중, 하의 3단계로 되어 있기 때문에 세 단계로 구분만 하면 된다는 식 으로 평정을 한다. 예를 들면, 개개인의 발달상의 특징을 파악하기 위하여 개인별로 관찰이나 면접하는 방식으로 평가하기보다는 먼저 '상' 집단을 찾 아내고, 다음으로 '하' 집단을 분류한 다음, 나머지는 모두 '중'으로 평정을 해버리는 사례가 바로 실질적 편의주의에 해당한다고 할 수 있다. 이러한 실질적 편의주의는 절차에 따라 복잡한 과정을 거쳐 평가하기보다는 시간을 덜 들이고 간단히 평가만 해치우면 된다는 식의 사고가 바탕에 깔려 있는 것이다. 그리고 실질적 편의주의의 또 다른 예를 들면, 수시평가를 제대로 하면 절차가 복잡하기 때문에 수시로 평가하여 누가 기록하지 않고 학기말 에 가서 한 번에 기록해 버리는 것이나 채점하기 복잡한 논술형 평가보다는 출제와 채점이 간단한 서술형 평가를 선호하는 것 등이 여기에 해당된다고 할 수 있다. 이와 관련된 면담자료를 인용하면 다음과 같다. "작년까지는 평가보조부〔수행평가기록부〕에 누가 기록한 다음 학급경영부에 기록했는데 올해부터는 곧바로 학급경영부에 누가 기록하기로 했습니다. 이중일이 되어 번거롭다고 생각했기 때문입니다"(10년 경력의 교과전담 여교사).

다음으로, 실질적 편의주의는 수행평가 실시상의 문화적 특성인 결과위주, 형식성, 획일성, 이원성과도 관련이 있다. 교사들이 편의적인 방식으로 평가하다 보면 형식적이고 획일적이며 이원적인 평가가 될 수 있다. 교사들의 실질적 편의주의의 선호가 수행평가 실행의 문화적 특징인 결과위주, 형식성, 획일성, 이원성을 초래하게 된다는 것이다.

첫째, 결과위주와 실질적 편의주의는 관련성이 깊다. 일반적으로 과정중심의 평가가 결과중심의 평가에 비해 복잡하거나 번거로운 편이다. 따라서 교사들은 수행평가를 되도록 편하게 하기를 원하기 때문에 복잡한 과정중심의 평가보다는 쉽고 간편한 결과중심의 평가를 선호하기 마련이라는 것이다.

둘째, 형식성과 실질적 편의주의와도 관련이 있다. 수행평가의 취지대로 단계를 밟아 평가하면 시간과 노력이 많이 소요된다. 따라서 교사들은 대충 편하게 평가를 하기 위해서 흉내만 내면서 형식적으로 실시한다. 예를 들면, 학교생활기록부의 기재사항을 적기 위하여 개인의 교과영역별로 평가한 자료를 토대로 학생의 발달적 특징이나 진보상황을 결정하여 서술적으로 기록하여야 하나 교육잡지(예: 새교실, 교육자료 등)의 예시문에 기재되어 있는 내용을 그대로 옮겨 적는 경우가 해당된다고 할 수 있다. 이렇듯 단계를 밟아 평가를 하여 얻은 결과를 토대로 구체적으로 기재하여야 함에도 불구하고 교사의 편의대로 학생들의 특징을 기록하고 있다.

셋째, 획일성과 실질적 편의주의와도 관련이 있다. 수행평가 계획을 수립하거나 수행평가과제 및 기준을 개발할 때 각 학급의 수행평가 과제나 기준이 동 학년의 학급마다 모두 일률적으로 똑같게 작성되고 있다. 원론적으로 볼 때 각 학급별로 학급운영계획이 다르고 수업자가 다르며 또한 수업내용과 방법이 다르기 때문에 평가계획과 평가과제도 같을 수가 없다. 그러나 연구대상학교에서는 학년별로 공동으로 작성하여 동일한 수행평가과제와 기준을 동 학년의 모든 학급이 함께 사용한다. 이것은 학급마다 교육과정이 유사하고 학급운영계획도 크게 다르지 않기 때문이기도 하지만, 보다 더 중요한 이유는 평가과제나 기준을 작성하는 데에 소요되는 시간과 노력을 절약할 수 있을 뿐만 아니라 교사들에게 실질적으로 편리하고 도움이 되기 때문이다. 그렇지만 실제 이러한 획일적인 평가가 학급의 특성이나 여건을 고려하지 않고 실행됨으로써 오히려 형식적이고 이원적인 평가가 되기도 한다.

넷째, 이원성과 실질적 편의주의도 관계가 있다. 초등학교에서 수업과 평가가 분리되고 있는 것, 수행평가의 추진 계획과 실행이 일치하지 않는 것, 평가결과와 기록내용의 불일치가 일어나는 것도 실질적으로 교사들의 편의주의에서 비롯된다고 할 수 있다. 교사들의 입장에서는 수업과정에서 평가하거나 개인별로 수시로 자료를 수집하여 평가하는 것보다는 수업을 먼저 하고 평가는 학기말에 가서 한꺼번에 일괄적으로 처리하는 것이 편하다는 것이다. 또한 수행평가의 계획대로 실시하려고 하면 절차가 복잡하고 까다롭기 때문에 편의상 간략하게 하려고 하며, 그렇기 때문에 평가결과와 기록내용이 불일치하게 된다는 것이다. 결국 교사들이 편하게 평가하려는 의도에서 이원적인 평가의 특징이 나타나게 된다는 것이다.

그러면 수행평가에서 실질적 편의주의가 대두된 배경은 무엇인가? 첫째는 내적 요인으로서 교사들의 전통적인 평가관(허인수, 1999a: 152)에서 기인한다. 전통적으로 교사들은 학생평가를 성적처리로 생각해 왔다. 과거에는 학기말고사의 결과를 통계 처리하여 평어로 바꾸고 교사의 견해를 특기사항에 서술하면 되었다. 마찬가지로 현재 실시하고 있는 수행평가도 이러한 평가관이 그대로 작용하고 있다는 것이다. 따라서 교사들은 학생평가를 성적처리 중심의 일제고사식의 평가관에 젖어 있어서 편의적으로 흉내만 낼

뿐 수행평가의 본질을 살려 평가하려고 하지 않는다는 것이다.

둘째는 외적 요인으로서 여유 없는 학교의 생태적 환경 때문이라는 것이다. 수업내용 및 주당 수업시간 수의 과다, 업무 과다, 교사 1인당 학생 수의 과다로 인하여 교사들의 주 업무인 수업과 사무 처리에 급급하여 평가를 중요하게 여기지 않고 쉽게 하려고 하거나 대충 하려고 한다는 것이다. 즉, 수행평가를 실질적으로 쉬운 방법으로 하려고 하거나 간단하게 하려고 한다는 것이다.

이상에서 본 바와 같이 이러한 결과위주의 형식적이고 획일적이며 이원적인 수행평가의 근저에 흐르고 있는 초등학교 교사들의 수행평가 실행상의 문화적 주제는 실질적 편의주의이다. 이는 초등학교 교사들이 수행평가를 실시할 때 이론적으로 부합하는 평가를 실시하기보다는 실제 평가하기가 편리해야 한다는 점을 중요시하고 있음을 말해 준다.

3. 소극적 대처주의: "평가는 마지못해 하는 척 한다"

수행평가에서 '소극적 대처주의'란 교사가 학생 평가를 실시하는 데 있어서 자신의 교육관이나 소신에 의해서 평가내용이나 평정기준을 결정하여 실시하는 것이 아니라 단순히 외부의 규정이나 요구에 적극적으로 대처하지 못하고 소극적으로 받아들여 평가를 실시하는 것을 말한다.

수행평가에서 소극적 대처주의는 평가계획 수립, 도구개발, 평가 실시과정, 결과활용에서 드러난다. 첫째, 소극적 대처주의는 수행평가 계획 수립 및 도구 개발 과정에서 나타난다. 연구학교에서는 새 학년도나 새 학기가 시작되어 새로운 평가계획이나 도구를 개발할 때 새롭게 평가목적 설정, 평가과제 적성, 평가기준 설정 및 채점기준 작성을 하여야 하는데 이러한 과정을 모두 생략한 채 전년도 평가계획을 그대로 답습하거나 인터넷에서 자료를 내려받아 그대로 사용하거나, 타 학교의 평가계획을 그대로 사용하는 것을 볼 수 있다. 즉, 교사 자신의 학교나 학급 및 학생들의 실정에 맞게 직접 평가 계획을 수립하거나 평가도구를 개발하여 사용하는 것이 아니라 다른 자료를 그대로 이용하고 있다는 점에서 적극적으로 대처하지 못하고 소극적으로 수용하고 있음을 알 수 있다.

둘째, 평가실시 과정에서도 소극적 대처주의를 확인할 수 있다. 초등학교에서 이루어지는 수행평가가 수시로 자료를 수집하지 않고 총괄평가 단계에서 주로 이루어진다는 점은 수행평가의 취지에 맞게 적극적으로 평가를 실시하지 않고 소극적으로 평가에 임하고 있는 것으로 볼 수 있다.

셋째, 결과활용의 과정에서도 소극적 대처주의는 나타난다. 초등학교에서의 수행평가는 학생들의 학습동기를 유발하고 수업방법을 개선하는 것과 같은 교육적 목적으로 평가결과를 활용하기보다는 성적 산출이나 통지를 하는 등 주로 관리적 목적으로만 활용하고 있다는 점에서도 소극적으로 대처하고 있다고 할 수 있다.

또한, 초등학교 수행평가의 형식적인 평가, 획일적인 평가, 이원적인 평가의 문화적 특성은 모두 소극적 대처주의에서 비롯되었다고 할 수 있다. 앞의 수행평가 문화적 특징인 형식성·획일성·이원성과 소극적 수용주의와의 관계는 밀접하다. 교사들이 수행평가를 형식적이고 획일적이며 이원적으로 한다는 사실은, 교사 자신들이 학교의 방침이나 교육적 필요에 의해서 적극적으로 평가할 필요를 느끼지 않거나, 반대로 어쩔 수 없이 평가하기는 하되 하는 척만 하겠다는 의미가 담겨 있다고 볼 수 있다. 예를 들면, 연구대상학교에서는 교사들이 수행평가계획이나 평가과제를 작성하기는 하나 실제로 평가할 때는 이것을 참고하거나 반영도 하지 않은 채 교사들이 임의대로 평가해 버리는 경우이다. 즉, 교사들은 장학지도에 대비하기 위해서 평가계획이나 평가과제를 공식적인 문서로 작성해 두기는 하지만, 실제로 학급에서 수행평가를 실시할 때는 이러한 평가계획이나 평가과제대로 수행평가를 실시하지 않고 교사 임의대로 평가해 버리는 경우이다.

그러면 왜 교사들은 수행평가에 소극적으로 대처하려고 하는가? 첫째는 교사들이 수행평가의 본질에 맞게 제대로 평가하려면 어렵고 복잡하기 때문에 관리적 측면에서 그 근거만 남겨 놓는 식으로 하다 보니 소극적으로 평가에 임하게 된다는 것이다.

둘째는 교사의 전통적 평가관 때문이다. 즉 교사들이 아직도 과거의 성적처리 중심의 전통적 평가관에 젖어 있어서 평가 자체에 중요한 의미를 두지 않기 때문에 소극적으로 대응한다는 것이다.

셋째는 교사들은 교장이나 교감들이 평가 과정이나 내용에 대해서는 통제를 하지 않기 때문에 장부상으로만 잘하고 있는 것처럼 보이기 위해 서류에 하는 척 흉내만 내는 식으로 가식적으로 실시하며 이에 따라 결국에는 소극적 태도가 형성되었다는 것이다(허인수, 1999a).

넷째는 수행평가를 아무리 본질에 맞게 제대로 하려고 해도 학급당 학생 수의 과다나 수업시간 수의 과다, 제한된 시간에 수업과 평가를 동시에 해야 하는 부담, 평상시에 수시로 평가해서 그 결과를 기록해 두어야 하는 과정 중심의 평가 등 여유 없는 생태적 학교여건 때문에 소극적으로 평가할 수밖에 없다는 것이다.

마지막으로, 교사들이 수행평가를 본질과 원칙에 맞게 실시해서 그 결과를 기록해 보아야 학생 지도는 물론 다음 수행평가 방법개선에 거의 활용을 하지 않기 때문에 적극적으로 평가하지 않는다는 것이다.

요약하면, 수행평가 실행의 결과위주, 형식성, 획일성, 이원성에서 공통적으로 흐르는 초등학교 수행평가 실행의 문화적 주제는 소극적 대처주의로서 초등학교 교사들은 수행평가를 마지못해 실시하는 척만 하고 있는 것으로 볼 수 있다.

4. 관리지향주의: "평가는 교육적 기능보다 관리가 우선이다"

　수행평가는 알고 있는 지식이나 기능을 어떻게 수행하는지 또는 어떻게 수행할 것인지를 평가하는 방법이다. 따라서 수행평가는 단순히 행정적 관리 목적보다는 교육적인 측면에서 이루어져야 한다. 수업목표의 달성이나 학업성취도 확인, 또는 학습동기 유발과 같은 교육적 목적을 실현하기 위한 평가여야 한다. 또한, 수행평가는 수업과 연계하여 평가가 이루어져야 한다. 수행평가는 단순히 학교생활기록부나 생활통지표에 기록하기 위해 실시하는 것은 아니다.

　수행평가에 있어서 '관리지향주의'란 수행평가를 수업목표 달성이나 학업성취도 확인 등의 교육적인 목적으로 실시하기보다는 단순히 평가 실시한 뒤 그 결과를 기록하여 보관하거나 통지하는 등 성적 처리를 위한 목적으로만 활용하는 것을 말한다.

　수행평가에서 관리지향주의는 평가계획수립, 도구개발, 평가실시과정, 결과활용에서 드러난다. 연구대상학교에서 수행평가가 관리적인 측면에서 이루어지고 있는 경우를 쉽게 찾아볼 수 있다. 먼저, 초등학교 교사들은 수행평가를 실시함에 있어서 수시평가를 하지 않고 학기말에 가서 수시평가를 실시한 것처럼 그 결과를 기재한다. 연구대상학교의 교사들에 의하면, 수시평가를 하게 되면 그 절차나 기록이 복잡하고 번거롭기 때문에 실제로는 하지 않고 학기말에 한 것처럼 기록해 버린다는 것이다. 이렇게 하는 이유는 교사들이 그다지 수행평가가 중요하지 않다고 생각하거나, 결재과정의 한 단계쯤으로 생각하거나, 또는 수시평가를 하지 않아도 교사들의 평소의 느낌으로 충분히 대신할 수 있다고 생각하기 때문이다. 이것은 수행평가를 교육적 목적보다는 관리적 목적으로만 활용하려는 태도에서 기인한다고 볼 수 있다.

다음으로, 초등학교 교사들은 평가 장부에 기록하기 위해서 평가를 실시하는 것으로 생각한다는 것이다. 수행평가 결과는 통지표와 학교생활기록부에 기록만 될 뿐 교육적인 활용이 되지 않고 있다는 것이다. 수행평가 결과가 기록하고 통지하며 보관하는 관리적인 활용에 치우치고 있다는 것이다. 수행평가 결과가 프로그램 운영의 개선에 반영되거나 학생의 정보 제공 자료로써 활용되어야 하는데 평가 행사로 끝나버리고 장부에만 기록될 뿐 이에 대한 교육적인 활용이 이루어지지 못하고 있다는 것이다.

수행평가 실행의 문화적 특징 가운데 결과 위주, 형식성, 획일성, 이원성 등은 모두 관리지향주의에서 찾을 수 있다. 첫째, 결과 위주의 형식적인 평가와 관리지향주의는 관련성이 깊다. 앞에서 지적한 바와 같이, 초등학교에서 수행평가는 주로 교수·학습활동이 종료된 이후에 일제평가 방식으로 실시되거나 학기말에 일괄평가 방식으로 이루어지고 있다. 이처럼 초등학교 수행평가가 일제평가나 일괄평가로 이루어지는 것은 교사들의 업무가 벅차고 시간적 여유가 부족하기 때문이다. 또한, 수행평가를 단지 결재를 맡기 위한 수단이나 결과를 기록 보관하기 위하여 형식적이고 피상적인 결과위주의 평가를 실시하게 된다는 것이다.

둘째, 초등학교에서는 관리적 차원에서 수행평가를 실시하기 때문에 학급마다 개발된 평가과제들이 획일적이라는 것이다. 교사의 업무과다를 고려할 때 이미 개발된 평가도구를 활용하는 것이 훨씬 효율적일 수 있다. 그러나 개발된 평가과제들을 학급마다 실정에 맞게 수정하여 사용하지 않고 동 학년이 모두 동일한 평가과제를 획일적으로 사용하는 것은 교육적 목적보다 관리적 차원에서 수행평가를 실시하기 때문이라고 할 수 있다. 그리고 아직도 일제고사의 전통이 남아 있어 수행평가의 일정이 획일적으로 동 학년마다 일정하고 주로 학기말에 집중되는 것도 교육적 목적보다 '하나의 행사'로서 수행평가를 실시하기 때문이라고 할 수 있다.

셋째, 앞에서 살펴본 바와 같이 초등학교의 수행평가는 계획과 실제가 다르고, 평가결과와 기록내용이 다르며, 수업과 평가가 분리되는 등 이원적인 평가가 실시되는 것도 바로 교육적 목적보다 관리적 목적에서 수행평가를 실시하기 때문이라고 할 수 있다. 교육적인 측면에 활용하기 위해서는 평가결과와 기록내용이 일치되어야 하며 수업과 동시에 평가가 이루어져야 한다.

그러면 왜 초등학교 교사들은 수행평가를 실시하는 데 있어서 교육적인 기능보다 관리적인 기능을 강조하는가? 이러한 이유는 수행평가를 하나의 교육적 행위로 보기보다는 행정적 요식행위나 의무사항으로 보기 때문이며, 교사들이 수행평가를 중요시하지 않는 의식 구조에 기인하는 것으로 볼 수 있다. 교사들은 각종 업무는 많고 수업 진도 나가기도 힘들고 바쁜데 '수업만 잘하면 되지 평가가 그리 중요한가'라는 의식을 가지고 있기 때문이라고 할 수 있다.

이와 같이 초등학교에서는 수행평가의 교육적 기능보다 관리적인 기능을 중요시하는 관리지향주의가 초등학교 수행평가 실행의 문화적 주제라고 할 수 있다. 따라서 초등학교에서 교사들은 수행평가를 실시할 때 교육적인 측면보다 관리적인 측면을 우선시하는 관리 지향적 평가 문화를 따르고 있음을 알 수 있다. 이상에서 살펴 본 바와 같이 초등학교 수행평가 실행의 문화적 주제는 평가경시주의, 실질적 편의주의, 소극적 대처주의, 관리지향주의라고 할 수 있다. 초등학교 교사들은 수행평가를 실시하는 데 있어서 평가 자체보다 수업을 우선시하며 실질적으로 편하게 평가하려고 소극적으로 관리하고 있는 것으로 해석할 수 있다.

Ⅸ. 초등학교 교사들의 수행평가
실행 방식 및 유형

  교사는 수업을 한 후에 학생들에게 수업목표의 도달이나 학업 성적의 확인 등을 위해서 평가를 실시한다. 이러한 목적을 달성하기 위해 교사가 실시하는 수행평가의 방식이나 유형은 그 관점에 따라 다양하게 나누어 볼 수 있다. 예를 들면, 공정성에 따라 공정하게 평가하는 유형의 교사와 편파적으로 평가하는 유형의 교사로 나눌 수 있고, 사전 계획 이행 여부에 따라 계획대로 평가하는 유형의 교사와 상황에 따라 평가하는 유형의 교사로 나눌 수 있으며, 정확성에 따라 철저하게 평가하는 유형의 교사와 대강 평가하는 유형의 교사로 나눌 수 있다.

  평가에 대한 교사들의 적응 형태도 다양하다. 허인수(1999a)는 수행평가에 대한 교사들의 적응 유형을 적극적 적응형 교사, 소극적 적응형 교사, 적응지체형 교사로 구분한 바 있다. 여기에서 적극적 적응형 교사는 수행평가의 시행 취지를 이해하고 그대로 시행하고자 하는 교사이다. 소극적 적응형 교사는 수행평가를 충분히 이해하고 그대로 시행하는 것은 아니지만 수행평가 자료를 이용하여 되도록 여러 번 평가하려고 노력한 교사이다. 적응지체형 교사는 수행평가를 시행하기 이전의 방식으로, 즉 객관식 위주의 지필평가 방식으로 평가하는 교사를 말한다.

연구대상학교에서 참여관찰과 면담 및 서술적 질문지 조사를 실시하였다. 그 결과 평가의 사전 계획 이행 여부에 따라 초등학교 교사의 수행평가 실시 방식이나 유형은 계획대로 평가하는 유형과 계획대로 평가하지 않거나 혹은 계획 없이 평가하는 유형으로 구분할 수 있었다. 각각에 대하여 구체적으로 수행평가 실시 방식이나 유형을 기술하면 다음과 같다.

1. 계획대로 평가하는 유형

이 유형은 교사가 학생들의 학업성취도를 확인하거나 성적을 산출하기 위하여 학기초에 수행평가 계획을 세워 놓고 그 계획대로 수행평가를 실시하는 것을 말한다. 이러한 유형에는 수시로 누가 기록하여 평가하는 유형, 교과의 특성을 반영하여 평가하는 유형, 지필평가 위주로 평가하는 유형의 교사들이 해당한다.

가. 수시로 누가 기록하며 평가하는 유형

교사가 학기초에 평가계획을 작성하여 그 계획대로 수시로 평가하여 누가 기록하고 학기말 수행평가 기간에 학기중에 기록한 내용과 관찰한 결과들을 종합하여 평정을 한 후 학급경영부나 생활기록부에 서술적으로 기록하는 경우이다.

연구 참여 교사들과의 면담 결과에 의하면 연구대상학교의 교사들은 3월초에 수행평가계획서를 학년별로 일괄적으로 작성하여 학급별로 약간의 수정을 거쳐 활용하며, 학생들에게 월별로 사전에 평가 내용과 시기 및 준비물에 대해서 예고를 한 후 학생들의 학업성취 및 생활태도에 대한 평가를 실시하고, 이러한 평가 결과들을 학급경영부나 평가보조부에 누가 기록하였다가 학기말에 그 결과를 반영하여 종합적으로 평정을 한 뒤 학부모에게 통지하거나 NEIS에 탑재한다고 하였다. 이들과의 면담 내용을 소개하면 다음과 같다.

> 그때그때 해놓으면 좋은 점이 많아요. 특히 학부모가 갑자기 상담을 하러 오실 때 성취 정도를 근거로 제시하며 상담해 드릴 수 있어 매우 효과적이에요. 저는 1학년이어서 주로 국어과 받아쓰기 영역을 철저히 누가 기록하여 학생의 문자해득 정도를 파악하고 있어요. 또 좋은 점은 수업시간에 피드백을 할 수 있어 굉장히 도움이 돼요. (20년 경력의 1학년 여교사)

> 수업시간 그때그때 하는데 양식을 기록하기 편하게 약호화해 하고 있어요. 학생들의 수업집중에 도움이 되어요. 느슨하다가도 오늘은 수행평가를 실시한다고 하면 아이들이 갑자기 긴장하는 것 같아요. (8년 경력의 4학년 여교사)

여기에서 교사들은 평가결과를 평소에 철저하게 기록하지 않으면 평정하기 쉽지 않다. 수업 중이나 쉬는 시간 등에도 기록할 필요가 있을 때에는 기록해 두어야 한다. 따라서 이처럼 계획대로 수시 누가 기록하는 교사에게는 시간적으로나 업무상으로 많은 부담이 될 수 있다. 학급당 30~40명 이상 되는 학생들 각각에 대하여 교과별로 그리고 영역별로 특징들을 관찰하여 누가 기록하기란 쉬운 일이 아니다. 연구 참여 교사들과의 면담 결과에 의하면, 실제로 이와 같이 수행평가를 원칙대로 철저하게 실행하는 교사들은 그리 많지 않다는 것이다. 그만큼 제대로 수행평가를 하기가 어렵다는 것을 말해 준다고 하겠다.

이런 유형에 속하는 교사들은 평가를 해야겠다는 의지가 다른 일반 교사보다 조금 더 강한 교사들이다. 학교 일보다는 학급 일에 치중하며 학생들에게 보다 많은 시간을 할애하는 교사들, 특히 저학년 교사와 학교 업무가 조금 덜하고 경력이 많은 교사들이 이에 속한다고 할 수 있다.

나. 교과의 특성을 반영하여 평가하는 유형

교사는 수행평가 계획을 세우거나 수행평가를 실시할 때 각 교과의 특성을 반영할 필요가 있다. 연구 참여 교사들에 의하면 연구대상학교 교사들은 각 교과별 수행평가 계획을 세우거나 실시할 때 각 교과의 특성을 반영하여 수행평가 계획을 수립하고 이에 따라 수행평가를 실시한다고 하였다. 예를 들면, 국어의 '말하기·듣기'와 '읽기'는 주로 내용파악을 얼마나 잘하고 있는지에 대하여 수업 중에 직접 말하는 것을 듣고 평가하는 과정평가로 실시하고, '쓰기'는 교과서에 기록해 놓은 글쓰기 자료를 제출토록 하여 평가한다고 하였다. 그리고 '과학'은 실험한 결과인 실험보고서를 작성하도록 하여 평가하며, '사회'는 수업시간에 활용한 학습지로 평가를 대신한다는 것이다. 또한 '미술, 음악, 체육'은 실기평가를 주로 한다고 하였다. 이 중에서도 수행평가가 가장 잘 이루어지는 경우는 실기평가에 의한 예체능교과 평가라고 하였다.

이처럼 초등학교 교사들은 수행평가 계획과 실행에 있어서 각 교과별로 교과 특성에 맞는 한두 가지의 수행평가 방식을 주로 활용하여 평가를 실시한다. 물론 이렇게 교과의 특성을 반영하여 학기초에 평가계획을 수립하고 특성에 맞게 착실하게 평가하기란 쉽지 않다. 그러나 연구대상학교의 교사들은 이처럼 교과의 특성을 반영하여 평가계획을 세우고 있으며 이에 따라 평가를 실시하고 있다는 것이다.

이러한 유형에 속하는 교사들은 부지런하고 학교 일이 다소 적으며 특히 학생들의 수업을 중시하는 교사들이다. 주로 고학년 교사들의 경우에서 찾아보기 쉽다. 앞의 경우와 다른 점은 횟수와 질의 문제이다. 이 유형의 교사들은 평가 횟수보다는 교과의 내용과 특성을 고려하여 충실하게 평가하는 교사들이 해당한다고 볼 수 있다.

다. 지필평가 위주로 평가하는 유형

수행평가는 그 개념과 방법으로 볼 때 선택형 위주의 지필검사와 대조를 이루는 평가이다. 따라서 수행평가의 방법 및 종류 측면에서 볼 때 선택형 지필검사는 수행평가에서 제외되나 기타 서술형 검사나 논술형 검사 등과 같은 지필검사는 수행평가에 해당된다.

연구대상학교의 많은 교사들은 학생들의 학업 성취도를 파악하는 데 다양한 수행평가 방법을 활용하기보다 주로 지필평가를 선호하였다. 예를 들면, 수학과의 경우 수행평가를 실시할 때 지필평가의 방법으로 학생의 학업성취도를 파악하는 경우가 많았다. 특히, 연구대상학교 교사들은 지필평가에 의한 평가방법 중에서도 주로 도구교과에 한해 지필평가를 실시하는 경우가 많았다. 점수에 의해 몇 점 이상은 '상'으로, 그리고 몇 점 이하는 '하'로, 나머지는 '중'으로 구분하여 평가결과를 기록하였다.

이러한 교사들의 평가 개념은 과정 위주의 수행평가보다는 결과 위주의 지필평가를 더 선호한다는 것을 말해 준다. 이러한 현상은 학생들의 사고력, 이해력, 논리력, 응용력, 종합분석력 등과 같은 고등정신기능의 평가는 수행평가 방법으로는 평가하기 어렵다고 생각하기 때문으로 보인다. 수학교과처럼 학생의 행동(수행능력)이 겉으로 드러나지 않는 교과는 학습 개념과 원리를 알고 있는지, 혹은 응용력과 문제해결력이 있는지를 쉽게 확인하기 위해서는 다른 평가방법보다 평가지에 의한 지필평가를 더 선호하는 것 같다.

이렇게 주로 지필평가를 활용하여 수행평가를 실시하는 이유는 행동의 실천 과정이나 결과에 대한 평가(예: 우리 마을이나 학교를 위해 여러분이 할 수 있는 일은 무엇입니까? 등의 문항내용)나 상상력이나 창의력에 대한 평가(예: 흥선대원군의 쇄국정책에 대해서 여러분은 어떻게 생각하세요? 등의 문항)와 같이 구체적으로 그 결과가 드러나지 않는 과정을 중시하는 평가보다는 지필평가에 의해 보다 명확하게 점수로 산출되는 결과 위주의 평가를 교사들은 물론 학생들이나 학부모들이 원하기 때문으로 볼 수 있다.

이러한 유형의 교사들은 수행평가를 실시할 때 다양한 수행평가의 방법을 활용하기보다는 손쉬운 지필평가 방법으로 계획을 세워 평가하는 것으로 볼 수 있다. 특히 7차 교육과정에서는 개별학습을 강조함으로써 교사들이 학습지를 많이 사용하게 되고 이때 학습지를 이용하여 지필평가를 실시하는 경우가 많다. 이러한 유형에 속하는 교사들은 주로 고학년 교사들이며 수학과에서 많이 활용하고 있다.

2. 계획과 달리 평가하는 유형

초등학교 교사들은 일이 많아 학교에 가면 너무 바빠서 걷는 교사보다 뛰는 교사들을 더 많이 볼 수 있다고 한다(초등학교문화연구소, 2003). 이처럼 바쁜 학교 업무와 수업, 생활지도 등이 매일 반복되다 보면 평가는 뒤로 밀리기 십상이다. 초등학교에서 평가는 학기말에 결재를 맡는 것 정도로 인식되고 있기 때문이다. 그래서 교사들이 평가를 뒤로 미루다 보면 학기말이 되어서야 평가보조부를 읽어보고 머릿속에 기억된 내용들을 일괄하여 한 순간에 기록하여 평정해 버리는 경우가 많다. 이렇게 하다 보면 수행평가는 계획과 달리 이루어질 수밖에 없는 것이다.

이 유형은 교사가 학생들의 학업성취도를 확인하거나 성적 산출을 위하여 학기초에 수행평가 계획은 세워 놓지만 이 계획대로 수행평가를 실시하는 것이 아니라 계획과 달리 평가를 실시하거나 혹은 학기초에 수행평가 계획을 미리 작성하지 않거나 전혀 평가 계획도 없이 필요에 따라 학기중이나 학기말에 갑자기 평가를 실시하는 것을 말한다. 이러한 유형에는 교사가 학생에 대하여 갖고 있는 인상에 따라 대충 평가하는 유형, 느닷없이 평가하는 유형, 제멋대로 평가하는 유형 등이 해당한다.

가. 대충 평가하는 유형

교사가 학기중에 혹은 학기말에 수행평가를 할 때 학기초에 세워놓은 평가계획대로 구체적인 평가자료에 의거하여 평가하지 않고 학생에 대하여 그동안에 형성된 느낌이나 인상에 의하여 평정하거나 기록하는 경우이다. 즉, 교사가 미리 작성된 평가계획과 구체적인 평가자료를 가지고 평정을 하거나 서술을 하는 것이 아니라 교사의 '인상에 의해 대충 평가'를 함으로써 추상적인 평가를 하고 있는 경우를 말한다. 따라서 이러한 교사는 수행평가의 내용이 학급경영목표나 수업내용과 일관성이 없으며, 학년의 특성이 반영되지 않은 채 평가계획이 작성되며 평가 또한 계획과 다르게 이루어질 수 있다. 한 교사의 말을 인용하면 다음과 같다.

> 수행평가라고 해봐야 교사의 머릿속에 들어 있는 대로 이루어지는 것인데, 따로 계획을 세운다고 뭐가 달라지는 것이 있는가. 그냥 평가는 평가이고 내 인상에 있는 것을 가지고 기록하는 것이 훨씬 더 정확하지. (5학년 남교사)

그리고 연구 참여 교사들의 서술적 질문지의 내용에 의하면, 연구대상학교 교사들은 교수학습목표 달성 정도를 확인하기 위하여 평소 수업시간에 학생들이 발표하거나 활동했던 것들을 기억해 내서 그 학생에 대한 느낌과 인상에 따라 평가를 실시한다는 것이다. 따라서 학기초에 계획했던 교과별로, 그리고 평가요소별로 평가시기에 맞추어 실시하는 수행평가는 거의 이루어지지 않는다는 것이다. 평소의 학습결과는 평가보조부나 조사기록부에 간단히 체크해 놓고 학기말에 이것들을 참고로 간략히 평정해 버리는 정도로 이루어진다는 것이다.

또한 연구 참여 교사들과의 면담에 의하면, 교사들은 평가계획대로 '평가기준안'에 의거 실제로 수행평가를 실시하지 않고 평소의 태도에 대한 교사의 생각이나 느낌을 평가보조부에 표시해 놓는다는 것이다. 예를 들면, 수행평가를 하기 위해서 평가 관점을 '법과 규칙을 지키며 생활하고 있는가?'로 결정하였다고 하면 '법과 규칙을 어떻게 지키는지', '아이들의 생활 속에서 어떻게 실천하는지' 등에 대해서 구체적으로 실천사항들을 확인해야 하지만 제한된 수업시간으로는 도저히 평가를 하기가 불가능하다. 구체적인 평가기준에 의거하여 수행능력이나 실천사항들을 평가하는 것이 아니라 단지 학생들의 발표나 조사자료를 통해서 가늠해 보는 것이다. 이때 평소에 누적된 생활태도가 평가대상으로서 평가 자료가 된다. 학급규칙 지키기, 교사와의 약속, 과제학습 이행, 청소시간의 성실성 등과 같은 학생들의 활동 상황이나 태도에 대하여 교사에게 각인된 인상들이 반영되어 평가되는 것이다.

이런 유형의 교사들은 학생들의 평가에 자신감을 가지고 있는 초등학교 담임교사들이다. 이들은 초등학교에서 학생들의 수업활동, 수업태도, 학업성취 수준 등을 누구보다도 잘 안다. 아침 등교부터 오후 하교시간까지 학생들과 거의 모든 시간을 함께 생활하는 초등교사의 특수성으로 인해 학생의 학습 성취나 능력, 태도 등의 발달 수준을 비교적 정확하게 알고 있다. 그래서 교사들은 학생들의 특성을 잘 알고 있으며, 이것이 하나의 인상으로 고정되는 수가 있다. 교사들이 평가할 때는 이러한 인상에 따라 대략적으로 평가를 하게 된다. 교사가 한 번 학생에 대하여 이미지화하면 바뀌지 않는 경향이 있고 이것은 다른 교과에도 그대로 적용될 수 있다. 특히 지필과 상관없는 실기, 실험 위주의 평가에서는 더욱 강하게 작용할 수 있다.

나. 갑자기 평가하는 유형

교사에 따라서는 평가계획에 없는 평가를 느닷없이 실시하는 경우도 있다. 원래는 수행평가 실시 계획이 없는데 교사가 갑자기 실시하는 경우가 있다. 예를 들면, 학생들이 수업 중 열심히 하지 않을 때 교사가 학습결과를 수행평가에 반영한다고 하면서 갑자기 평가를 실시하는 경우가 있다. 이 때 학생들은 긴장하게 되고 억지로라도 따라하게 된다. 특히, 수행평가를 실시한다고 예고하지 않은 채 학습 준비물 갖추기 검사 결과나 평소 수업시간에 행해지는 학습태도 검사 결과 등을 수행평가 자료로 활용하기도 한다.

이러한 유형에 속하는 교사들은 수행평가를 수업의 동기유발 수단으로 활용하기도 하지만 각종 행사 이후에 실시되는 글짓기나 그림 그리기 등의 사후 활동 과정에서 갑작스럽게 평가를 하기도 한다. 물론 이러한 평가 결과들은 학급경영부에 기록되어 어떠한 형태로든 학기말에 종합적으로 활용된다.

다. 제멋대로 평가하는 유형

교사가 학기초에 특별히 평가계획이나 평가기준안을 수립하지 않거나 수립하였더라도 형식적으로 수립해 놓고 평소에는 활용하지 않은 채 학기중이나 학기말에 가서 평가 시기나 평가 내용을 '제멋대로' 정하여 평가를 실시한다. 이처럼 제멋대로 평가하는 교사는 교사가 성적 산출이나 학업성취도 확인을 위해 계획적으로 평가하는 것이 아니라 하나의 의례적인 학교 행사로 보거나 단순히 '보고용'으로 생각한다. 따라서 이런 방식의 평가는 '마지 못해 하는' 평가가 해당된다. 하지만 연구 참여 교사들과의 면담 결과에 의하면, 이런 유형의 평가는 초등학교에서 그렇게 많지는 않으나 가끔씩 발견된다고 하였다. 이러한 유형의 평가는 저학년의 경우에 자주 일어나는데, 철저한 준비나 계획 없이 상황에 따라 마음대로 평가하여 반영하는 경우가 있다는 것이다.

　전체적으로 요약해 보면, 초등학교에서는 평가의 사전 계획 이행 여부에 따라 교사들의 수행평가 실시 방식이나 유형이 달라진다는 점을 확인할 수 있었다.

X. 초등학교 학생들의 수행평가
대응 방식 및 유형

  학생들도 교사의 평가 유형에 따라 다르게 대응하는 것으로 볼 수 있다. 연구대상학교에서 참관 및 면담 자료와 서술적 질문지 자료 분석 결과, 교사의 수행평가에 대하여 학생들이 대응하는 유형을 대응하는 정도에 따라 구분하면 적극적 대응형, 소극적 대응형, 대응 지체형과 같이 세 가지로 나누어 볼 수 있었다. 이러한 유형들의 구체적인 내용을 기술하면 다음과 같다.

1. 적극적 대응형

  먼저, 교사가 평가를 할 때 학생들이 더 높은 점수를 받거나 더 좋은 성적을 얻기 위해 최선의 노력을 다하는 적극적 대응형이다. 이 유형의 학생들은 평가를 실시하기 전에 철저히 준비하는 등 평가에 큰 관심을 보이며 최선을 다한다. 경우에 따라서는 학교 평가가 실시되기 전에 학원에 가서 사전에 문제를 푸는 등 공부하는 경우도 있다. 하여튼 학생들은 숙제나 수업시간에 하는 발표는 물론 평가와 관련된 것이면 무엇이든지 열심히 활동한다. 예를 들면, 이런 유형의 학생은 체육교과의 수행평가를 할 때 모든 학생들에게 평가기회가 보통 2번 정도 주어지는데, 학생에 따라서는 기어이 한 번만 기회를 더 달라고 요구하기도 한다.

이 유형의 학생들은 스스로 알아서 평가에 대응하며 모든 교과를 중요시하고 적극적으로 평가에 임한다. 이들은 수행평가에 대한 답안을 창의적으로 작성하려고 노력한다. 이들은 과제 해결에 있어서 부모, 전문가, 친구, 학원 강사 등 자원인사를 활용하기도 한다. 이들은 평가 결과가 성적에 반영되므로 평가 점수를 매우 중시한다. 시험을 보는 경우 시험이 끝나면 주변 아동들의 점수에도 관심을 갖고 알고 싶어 한다. 대신에 이들은 평가에 대해서는 항상 부담감을 갖고 있다. 그래서 이 유형의 학생들은 "시험을 잘 보아야 한다"거나 "시험을 잘 보지 못하면 부모님께 혼난다"고 곧잘 말하기도 한다.

따라서 이 유형의 학생들은 대부분 성적이 좋은 편에 속한다. 이들이 대부분 3단계의 수행평가에서 '상'의 평점을 받는 경우가 허다하다. 그리고 이들의 학부모들은 평가에 대한 관심이 대단히 높다. 저학년의 경우 학교에서 제시하는 숙제를 직접 해주거나 도와주는 경우가 대부분이다. 이 경우에 학부모가 직접 글짓기나 그림 그리기 등을 도와주기도 한다.

이러한 유형에는 사전대비형, 자원활용형, 자력해결형, 비판형 등이 해당한다. 사전대비형은 평가하기 전에 철저히 준비하여 최선을 다하는 유형이다. 자원활용형은 부모, 전문가, 친구, 학원 등을 활용한다. 부모님께 숙제를 맡기고 도움을 받는 경우가 이 유형에 속한다. 자력해결형은 학교에서 이루어지는 평가에 대해 부모나 형제의 도움 없이 스스로 알아서 해결한다. 비판형은 수행평가 결과가 자기의 생각과 다르다고 생각하면 평가결과를 수긍하지 않거나 교사의 행위를 비판하기도 한다. 비판형의 경우 수행평가에서 원하는 점수나 등급을 맞지 못한 학생들은 이유나 변명이 많다. "선생님

이 ○○를 예뻐하니까 높은 점수 준거야", "선생님 마음대로 준거야", "그것
도 시험이야!" 특히 실기평가나 보고서 제출, 모둠학습별 협동학습 평가 후
에 자주 하는 말들이다. 원하는 점수를 획득하지 못한 학생들은 주로 교사
를 탓하며 아예 수행평가를 무시하기도 한다. 교사의 주관적인 평가에 수긍
하지 못하며 쉽게 자신의 부족함을 인정하지 않는다.

　연구대상학교 6학년의 경우에는 주로 여학생들이 수행평가 후 불만이 많
았다. 음악과 가창 수행평가(예: 과수원길)를 예로 들면, 수행평가 관점이
'박자와 리듬에 맞추어 곡의 분위기에 어울리게 노래를 부를 수 있는가'이었
다. 학생들에게 수행평가 전에 미리 관점을 말해 준 다음 박자와 리듬, 곡
의 분위기를 살려 노래를 부르도록 하고, 평정은 A(박자, 리듬, 곡의 분위
기 잘 살림), B(3개 요소 중 2개 요소 정확하게 지켜 부름), C(1개 요소
지킴)로 하였다. 이처럼 학생들도 구별하기 쉬운 평가관점을 제시하고 평가
를 실시했는데도 3명의 여학생이 입을 삐죽이고 불만을 표시했다는 것이다.
"공부 잘하는 애들은 모두 A야, 난 틀리게 부르지 않았는데 B래, 뭐 선생
님 마음이지"라고 했다는 것이다(면담 결과). 이처럼 "수행평가는 평가가 아
니다", "선생님 마음대로 점수를 준다"고 생각하며 수행평가를 무시하거나
교사의 행동을 비판하는 학생들도 있다.

2. 소극적 대응형

　다음은 교사의 평가에 대해서 학생들이 적극적으로 참여하지는 않지만 어
느 정도는 관심을 보이면서 그럭저럭 평가에 대처하는 소극적 대응형이다.
이 유형의 학생들은 평가에 관심은 있지만 열과 성을 다해 준비하지는 않는

다. 학생들은 숙제나 학습 자료를 형식적으로 준비하여 제출하는 경향이 있다. 또한 이 유형의 학생들은 평가에 대해 마지못해 하는 척하지만 많은 노력을 기울이지 않고 대강대강 해치우는 경향이 있다. 한 교사의 말을 들어보자.

> 학생들은 수행평가가 어서 지나갔으면 하고 바랄 겁니다. 평소에 평가를 하지 않는다면 신경을 쓰지 않을 겁니다. 저학년들은 점수를 공개해 주면 나도 다음에 가서 만점을 받아야겠다 하고 의욕을 갖고 하는데, 고학년들은 어서 지나가 버리면 좋겠다 하는 식으로, 군인들이 요령을 피우는 것처럼……. (연구부장 여교사)

예를 들면, 미술시간에 그림이 완성되지 않았어도 수업시간이 끝나면 대강 해치우고 제출해 버린다. 그리고 교사로부터 평가자료나 숙제물의 제출을 요구받았을 때 직접 조사나 연구하기보다는 인터넷에서 그대로 가져오거나 친구의 것을 그대로 베껴 제출하기도 한다. 따라서 교사의 평가에 학생들이 창의적으로 대응하지는 않는다. 이 유형의 학생들은 평가 점수에 그다지 신경을 쓰지 않는다. 그리고 평가 결과에도 크게 부담을 느끼지 않는다. 이 유형의 학생들은 작품 평가 후에 자료를 나누어 주면 학생들은 가정으로 가져가기보다는 사물함에 넣어 두거나 그 자리에서 없애 버리는 학생도 있다.

이런 유형의 아동은 학업성적이 보통 중간 수준에 위치한다. 즉 3단계의 평가에서 대부분 '중'의 평점을 받는 경우가 허다하다. 이 유형의 학부모들은 평가결과에는 관심을 기울이나 준비하는 과정에서 많은 도움을 제공하지 않으며 자녀들이 과제를 해결한다.

이러한 유형에는 임기응변형, 수동형, 의존형 등이 포함된다. 임기응변형은 평소에 관심을 기울이지 않다가 평가를 받는 순간에만 최선을 다하는 유형이다. 수동형은 평가에 대해서 적극적으로 준비하지는 않으나 교사의 요구에 따르는 유형이다. 의존형은 부모나 친구들에게 의존하여 평가자료를 만들거나 제출하는 경우이다.

3. 대응 지체형

마지막으로, 이 유형은 대응 지체형이다. 이 유형의 학생들은 평가에 거의 관심이 없고 마지못해 평가에 참여한다. 물론 이러한 경우는 많은 숫자는 아니나 소수의 학생들이 발견된다. 이들은 평가에 관심이 별로 없고 과제도 제출하지 않는 경우가 많다. 평가를 위한 과제나 자료도 제출하지 않는 경우가 있으며 참여도 이루어지지 않는다. 이들은 수업과정에서도 '딴짓'을 하는 경우가 많다. 일명 '문제아'라고 하는 학생들이 여기에 해당한다. 이들은 주로 학습 부진아나 학습 장애아들이 해당된다. 이들은 대부분 3단계의 수행평가에서 주로 '하'를 받는 경우가 흔하다. 능력이 부족한 아동들은 아예 포기해 버리고 노력하지 않는 경향이 있다. 열심히 해봐야 '하'로 평정되기 때문이다. 이들의 학부모들도 성적에는 큰 관심을 보이지 않는다. 그저 학교만 잘 다니면 된다고 생각한다.

이러한 유형에는 무관심형과 포기형이 해당된다. 무관심형은 평가 자체에 관심이 없으며 수업에도 관심을 보이지 않는 학생들이 해당된다. 포기형은 평가에 참여하지 않거나 평가자료를 제출하지 않는 경우이다.

XI. 초등학교 학생들의 수행평가
대응 원리

　앞에서 살펴본 바와 같이 초등학교 교사는 수행평가를 계획대로 실시하거나 혹은 계획과 달리 실시할 수 있다. 또한 교사가 계획대로 실시하더라도 수시로 누가 기록하거나 또는 교과의 특성을 살려 평가하거나 혹은 지필평가만을 할 수도 있다. 그리고 계획과 다르게 인상에 의해서나 느닷없이 혹은 제멋대로 평가할 수도 있다.

　이처럼 교사가 여러 가지 방식으로 수행평가를 실시하면 학생들은 그에 맞게 적응하고 대응하기 마련이다. 초등학교에서 교사가 실시하는 수행평가에 대하여 학생들의 대응 방식은 학생 개인에 따라 그리고 상황에 따라 달라질 수 있다. 그렇지만 공통적으로 적용될 수 있는 교사의 수행평가에 대한 학생의 대응 원리는 '성적을 중시한 대응'과 '차별적 대응'이라고 할 수 있다. 학생들이 어떤 방식으로 교사의 평가에 적응하고 대응하는지 이러한 원리들을 구체적으로 살펴보고자 한다.

1. 성적 중시

학생들이 수행평가에 대응하는 원리는 성적 중시이다. 이것은 수행평가 결과를 성적에 반영하면 학생들은 수행평가를 중요하게 여기고 그에 걸맞게 대응한다는 것이다. 이것은 수행평가 과정에서 성적이나 점수를 중요시하는 것을 말한다. 이러한 성적 중시의 원리를 구체적으로 나타내면 평가 우선의 원리, 결과 중시의 원리, 점수 중시의 원리라고 할 수 있다.

첫째, 평가 우선의 원리는 수업보다 평가를 더 우선하고 중요시하는 것을 말한다. 학생들은 수업보다는 평가에 더 관심이 많다. 수업 자체보다 평가에 더 민감하게 반응한다. 평가를 어떻게 실시하느냐에 따라 수업의 방향이 달라질 수 있기 때문이다. 이것은 그동안 우리나라 초·중·고등학교에서 이루어져 왔던 전통적인 입시위주의 교육에 영향을 받은 것이라고 할 수 있다. 배움 자체나 수업의 내용보다는 평가에 더 민감한 편이다. 그래서 학생이나 학부모는 설령 공부를 열심히 하지 않았더라도 평가에서 좋은 결과를 얻으면 만족스럽게 생각한다. 또한 수업에서 내가 어떻게 얼마나 배웠느냐에 관심을 두기보다는 평가에서 얼마나 좋은 성적을 거두었느냐에 더 관심을 보인다.

둘째, 결과 중시의 원리는 평가 과정보다는 평가 결과를 중요시하는 것을 말한다. 그래서 평가 내용이나 평가 과정보다는 성적이라는 평가 결과에 더 많은 관심을 보인다. 학생들이나 학부모들은 평가내용이나 학습능력은 상관하지 않고 성적이 좋으면 만족스럽게 생각하는 경향이 있다.

셋째, 점수 중시의 원리는 평가 결과 중 질적 행동 변화보다는 양적 점수의 향상을 중요시하는 것을 말한다. 학부모나 학생들은 진정한 실력의 향상보다는 높은 시험점수를 받으면 만족스럽게 생각하는 경향이 있다. 이것은 그동안 우리가 입시 위주나 지필검사 위주의 평가 풍토에 젖어 있었기 때문으로 볼 수 있다. 현재 수행평가가 적용되고 있는 이 시점에서도 서술형 평가방법보다는 점수로 나타나는 지필고사(예: 선다형 필답고사)에 더 많은 관심을 보이는 이유가 바로 여기에 있다고 할 수 있다.

이처럼 학생들은 수행평가 결과를 성적에 반영하느냐의 여부에 따라 교사의 평가에 대한 관심도에 차이가 있다. 즉 학생들은 수행평가 결과의 반영 여부에 따라 달리 대응한다는 것이다. 학생들은 형성평가나 쪽지평가와 같이 성적에 반영하지 않는 경우에는 큰 관심을 기울이지 않는 경향이 있다. 대신에 학기말 평가나 성적을 반영하는 수행평가에 대해서는 많은 관심을 기울인다. 언제 시험을 보며 어떤 식으로 혹은 몇 문제가 출제되는지 여쭈어 보는 등 많은 관심을 보인다.

다시 말해 수업보다 평가를 우선시하고 평가결과 및 점수를 중시하는 초등학교의 평가 풍토 속에서는 이러한 성적 반영 여부가 학생들의 수행평가에 대한 대응 방식에 차이를 가져온다는 것이다.

2. 차별적 대응

차별화란 초등학교 학생들이 교사의 평가에 대하여 달리 대응하는 것을 말한다. 이른바 차별적 대응이다. 이것은 학생들이 학교와 교사의 평가방침이나 학생과 학부모의 관심에 따라 차별적으로 대응하는 것을 말한다.

먼저, 초등학교 학생들은 성적 반영 정도, 교과목, 평가방법, 시행기관 등 학교나 교사의 평가 방침에 따라 다르게 대응한다.

첫째, 이것은 학교나 교사가 수행평가 결과를 성적에 반영하는 경우로서 각 교과영역별 내용을 어느 정도의 비중으로 성적에 반영하느냐에 따라 달리 대응하는 것을 말한다. 학생들은 평가결과의 반영 비중이 높으면 높을수록 더 많은 관심을 기울이고 비중이 낮으면 낮을수록 상대적으로 관심을 덜 기울인다는 것이다. 위의 '성적 중시'에서 언급한 성적 반영 여부의 경우와는 차이가 있다. 즉 성적 반영 여부의 경우는 성적 그 자체를 반영하느냐 혹은 반영하지 않느냐가 주된 관심사이나 이 성적 반영 정도의 경우는 반영 비율의 높고 낮음이 주된 관심사이다. 연구대상학교의 음악과 수행평가의 경우 가창, 기악, 감상, 태도가 각각 40%, 30%, 20%, 10%씩 반영되었는데, 학생들은 반영비율이 10%인 태도 평가에 대해서는 별로 관심을 기울이지 않은 반면 반영비율이 40%인 가창 평가에 대해서는 많은 관심을 갖고 연습에 열중하는 모습을 보여주었다.

둘째, 학생들은 평가하는 교과목의 종류에 따라 달리 대응한다. 국어나 수학과 같은 도구 교과목에 대해서는 수행평가 준비를 위해 더 많은 시간을 투자하거나 더 중요하게 다루는 반면 도덕이나 실과와 같은 교과는 그렇게 하지 않는다는 것이다.

셋째, 학생들은 평가방법에 따라 달리 대응한다. 학생들은 서술형이나 선다형과 같은 지필검사에는 많은 관심을 기울이는 반면 관찰이나 실험과 같은 실기시험에는 그만큼 점수를 얻기 위해 노력을 하지 않는 경향이 있다. 초등학교에서도 학생들은 지필검사에 많은 관심을 기울이는 경향이 있다.

넷째, 학생들은 어떤 기관에서 평가를 주관하느냐에 따라서 다르게 대응한다. 학교 자체 평가보다는 외부 평가기관에서 출제한 지필검사를 더 중요시하는 경향이 있다. 예를 들어, 한국교육과정평가원에서 주관하는 '기초학력검사'와 같은 경우에는 미리 준비하거나 마음의 준비를 철저히 하고 시험을 본다. 그러나 학교 내에서 교사가 출제하는 지필검사의 경우에는 별로 관심을 기울이지 않는 경향이 있다.

다음으로 학생들은 자신의 관심도나 학부모의 관심도에 따라 달리 대응한다. 학생들은 학부모가 평가나 성적에 관심이 많은 경우에는 평가나 시험점수에 더 관심을 보인다. "오늘 시험을 못 보면 우리 엄마에게 혼나요"라고 대답하는 아이의 말에서 부모의 관심도가 높으면 아동도 더 관심을 갖게 된다는 것을 알 수 있다.

요약하면, 이처럼 학교가 어떻게 평가계획을 수립하여 평가를 실시하느냐에 따라 그리고 교사가 어디에 관심이나 비중을 두고 평가하느냐에 따라 학생들은 다르게 대응한다는 것이다.

XII. 맺는 글

이 연구는 초등학교 수행평가의 문화를 이해하는 데 목적이 있으며, 특히 교사들이 실시하는 수행평가에 대하여 학생들이 어떻게 대응하는지를 밝혀 내는 데 주안점을 두고 있다. 이 연구는 주로 문화기술적 연구방법인 면담과 참여관찰 등을 활용하여 자료를 수집하고 분석하였다. 이 연구의 결론을 요약하면 다음과 같다.

첫째, 초등학교 수행평가의 실시에 대한 교사와 학생들의 인식은 원론적인 측면에서는 긍정적이었으나 현실적인 측면에서는 부정적인 견해를 나타냈다. 이것은 곧 수행평가가 본질적으로 바람직한 평가라고 생각하나 현재 초등학교에서 실시되고 있는 평가는 매우 문제점이 많다는 점을 시사해 주고 있다. 이와 같이 긍정적 인식과 부정적 인식이 혼재한다는 점은 곧 문제점을 줄이되 계속 발전시켜 나가야 함을 말해 주고 있다고 할 것이다.

둘째, 일반적인 측면에서 초등학교에서 실행되고 있는 수행평가의 실상을 계획수립, 도구개발, 평가실시, 결과기록 및 활용의 4단계로 나누어 살펴본 결과 초등학교 교사들은 수행평가를 실시하기 위해 사전에 계획을 수립하여 추진하고 있으며, 평가도구를 직접 혹은 간접적으로 개발하여 평가를 실시한 뒤 그 결과를 기록 활용하고 있었다.

셋째, 초등학교 수행평가의 실행상의 문제점들은 형식적인 계획 수립 및 추진, 도구의 질 저하, 평정과 채점의 신뢰도 저하, 지적 영역의 기본 학력 저하, 요식적인 기록 관리 및 결과 활용의 저조, 지식이나 경험의 부족, 실시 시간의 부족, 교사 연수와 홍보의 부족, 학급당 인원수와 업무의 과다 등이었다.

그런데 이들 수행평가 실시상의 문제점들 간에는 직·간접적인 인과관계가 있다고 할 수 있다. 즉, 형식적인 계획 수립 및 추진, 도구의 질 저하, 평정과 채점의 신뢰도 저하, 지적 영역의 기본 학력 저하, 요식적인 기록 관리 및 결과 활용의 저조와 같은 문제점들을 초래한 직접적인 원인은 교사들의 수행평가에 대한 지식이나 경험의 부족과 수행평가 실시 시간의 절대적인 부족이라고 할 수 있다. 왜냐하면, 교사들은 수행평가에 대한 지식과 경험 및 실시 시간이 부족함에 따라 형식적으로 계획을 수립하여 추진하거나 수준이 낮은 도구를 개발하여 사용할 수밖에 없으며 평정과 채점 역시 대강 대강 함으로써 평가의 객관도와 신뢰도가 떨어지고 이에 따라 수업에 대한 피드백 기능을 제대로 발휘하지 못함으로써 학생들의 지적인 학력은 떨어지고 평가의 기록 관리 역시 요식적으로 이루어질 수밖에 없었기 때문이다. 또한, 이러한 문제점들의 간접적인 원인은 바로 교사 연수와 홍보의 부족, 학급당 인원수와 업무의 과다라고 할 수 있다. 왜냐 하면, 교사연수나 홍보 부족이 수행평가에 대한 지식이나 경험 부족을 초래하였고, 학급당 인원수나 업무 과다 등이 수행평가 실시시간 부족을 가져왔다고 할 수 있기 때문이다. 또한, 이러한 연수나 홍보 부족과 학생 수나 업무의 과다는 교사 자신들의 의지나 노력만으로 해결할 수 있는 문제라기보다는 제도적인 여건과 관련된 문제이다.

넷째, 이러한 수행평가의 문제점들에 대한 개선 방안은 여러 가지이나 현장 초등학교에서 중요하게 제기된 개선방안은 우수한 평가 도구의 개발 보급, 평가의 공정성과 객관성 확보, 평가결과 기록의 방법 개선, 평가결과의

교육적 활용, 교사 연수와 홍보의 강화, 학급당 학생 수와 업무의 축소 등이
었다.

다섯째, 초등학교 수행평가 실행 문화의 특성은 결과위주의 형식적이며
획일적이고 이중적인 평가로서 대부분 부정적인 것으로 나타났다. 이처럼
초등학교 수행평가의 문화적 특징이 부정적으로 나타난 것은 초등학교의 구
성원들인 교사들과 학생들의 부정적인 인식과 관련이 있다고 할 수 있다.
선행연구(정일호·김인숙·고재천, 2002)에 따르면, 초등학교 교사들이나
학생들은 수행평가의 실시 및 그 효과에 대하여 원론적인 측면에서는 긍정
적으로 인식하고 있으나 현실적인 측면에서는 부정적이거나 회의적으로 인
식하고 있다고 하였다. 이것은 곧 초등학교 수행평가의 실시 방향은 옳은 반
면에 평가의 실제에 있어서 여러 가지 문제점이 있음을 말해 준다고 할 수
있다. 수행평가 실행의 주체인 교사들과 학생들의 인식이 부정적인 상황에서
수행평가의 내실화를 기대하기는 어렵다. 수행평가가 제대로 실행되기 위해
서는 우선 교사와 학생 및 학부모들의 수행평가에 대한 인식의 전환이 필요
하다고 하겠다.

여섯째, 초등학교 수행평가 실행 문화의 주제는 수업우선주의, 실질적 편
의주의, 소극적 대처주의, 관리지향주의로 나타났다. 이와 같이 초등학교에
서 실시되는 수행평가는 평가 자체보다 수업이 우선시되며 교사들이 실질적
으로 편하게 평가하려고 소극적으로 관리되고 있는 것으로 이해할 수 있다.
다시 말해 이러한 수행평가의 문화적 주제를 통해서 알 수 있는 점은 초등
학교 수행평가가 그 본질대로 실행되지 못하고 있음을 알 수 있다.

일곱째, 초등학교 교사들이 수행평가를 실시하는 방식은 여러 가지로 다
양하다는 것을 알 수 있었다. 크게 나누어 보면, 초등학교 교사들의 평가방
식은 계획대로 평가하는 유형과 계획과 달리 평가하는 유형이 있다. 계획대
로 평가하는 유형에는 수시로 누가 기록하여 평가하는 유형, 교과의 특성을
반영하여 평가하는 유형, 지필평가를 선호하는 유형이 속한다. 계획과 달리

평가하는 유형에는 인상에 의해 대략적으로 평가하는 유형, 느닷없이 평가하는 유형, 제멋대로 평가하는 유형이 속한다. 이처럼 수행평가를 실시하는 방식이나 유형은 교사들마다 다르다. 수행평가를 계획적으로 실시하는 교사가 있는가 하면 무계획적으로 실시하는 교사들이 있다. 계획대로 실시하는 유형의 교사들은 수행평가의 중요성을 인식하고 있으며, 수행평가가 학생들의 성적 확인이나 수업 개선에 도움이 된다고 확신하기 때문으로 볼 수 있다. 반면에, 계획대로 실시하지 않는 유형의 교사들은 수행평가의 중요성에 대한 인식이 부족하거나 평가 자체나 수행평가에 대한 인식이 부정적이기 때문으로 볼 수 있다.

여덟째, 이처럼 교사가 여러 가지로 수행평가를 실시함에 따라 학생들의 대응방식은 다양하였다. 학생들도 교사의 평가에 대하여 적극적으로 대응하는가 하면 소극적으로 대응하기도 하고, 경우에 따라서는 대응에 지체를 보이기도 하였다. 이처럼 교사들의 평가 방식은 다양하였지만 그중에서도 계획 없이 평가하거나 교사 마음대로 평가를 실시하는 것은 평가의 공정성과 실효성의 측면에서 문제점을 가지고 있다고 할 수 있다. 초등학교 수행평가의 내실화를 위해서는 교사가 수행평가에 대한 계획을 철저하게 세우는 것은 물론 평가 내용이나 시기를 사전에 예고하여 제대로 실행하는 것이 중요하다고 할 수 있다.

한편, 초등학교 학생들은 교사의 수행평가에 대응할 때 평가결과가 성적에 반영되므로 적극적인 관심을 보이는가 하면 소극적으로 대응하기도 하였다. 앞 장의 수행평가에 대한 초등학생들의 인식에 대한 연구 결과에 따르면 초등학생들은 수행평가를 원론적으로는 긍정적으로 인식하나 실제에선 부정적으로 인식한다고 하였다. 선행연구 결과와 이 연구 결과와의 관계를 통해서 볼 때, 수행평가에 대한 학생들의 인식과 대응 유형 간에는 관련이 있다는 것을 알 수 있다. 즉 긍정적인 인식을 하는 아동의 경우에는 적극적으로 대응하는 경향이 있고, 부정적으로 인식하는 아동의 경우에는 대응하는 데 문제가 있거나 소극적으로 대응하는 경향이 있다는 것이다. 바람직한 학습태도를 형성시키기 위해서는 평가를 통한 학습동기유발의 측면에서 부정적이거나 소극적으로 대응하는 학생들에게 적극적인 지도가 필요하다고 하겠다.

아홉째, 교사의 수행평가에 대한 학생들의 대응 원리는 성적 중시 및 차별화라고 할 수 있다. 즉 교사의 수행평가에 대하여 학생들은 성적을 중시하여 대응하거나 차별적으로 대응한다고 할 수 있다. 다시 말해 학생들은 수행평가에 대하여 성적 반영 여부, 학교와 교사의 평가방침, 학생이나 학부모의 관심에 따라 차별적으로 대응하는 것으로 볼 수 있다.

그러면, 이처럼 초등학교 학생들이 성적을 중시하고 다르게 대응하는 이유나 원인은 무엇인가? 그것은 수행평가에 대한 학생들의 이해 부족, 학교나 교사들의 형식적인 실시, 결과 위주와 지필 위주의 기존 평가 관행, 학부모들의 지나친 교육열 등에 있다고 할 수 있다. 수행평가가 도입된 초기는 물론 지금까지도 학생들은 수행평가가 무엇인지 잘 알지 못한 채 학생의 행동이나 특징을 서술식으로 기술해야 하는 데도 불구하고 양적으로 나타내는 상, 중, 하 방식의 평가나, 주로 문제지에 의존하는 지필검사 위주의 평가에 익숙해 있을 뿐 다양한 평가방법을 활용하여 과정이나 실천을 중시하는 진정한 수행평가의 방법이 적용되지 못하고 있기 때문에 아직도 성적을 중요시하는 평가 문화가 지배하고 있다고 볼 수 있다. 게다가 지나친 학부모의 교육열이 학생들의 성적에 많은 관심을 갖게 하는 것으로 볼 수 있다.

이와 관련하여 교사와 학생들의 수행평가에 대한 의미를 각각의 입장에서 재해석해 볼 필요가 있다. 수행평가는 교육활동과 마찬가지로 교사와 학생의 상호작용 속에서 이루어지기 마련이며, 상호협력 속에 학생들의 수행능력을 향상시킬 수 있다. 하지만 수행평가는 교사와 학생 간에 서로 다른 의미로 받아들여지고 있다. 교사에게 수행평가는 '교수학습의 일부'이다. 교육원리 측면에서도 평가는 교육활동의 일부에 해당한다. 많은 교사들도 수행평가를 교수학습의 한 과정으로 인식하고 있다.

그러나 학생들에게 수행평가는 '또 하나의 일거리'로서 교수학습과 별개의 활동으로 간주되고 있다. 예전부터 지필평가는 월말고사나 기말고사라고 하여 수업과 분리하여 일제히 실시하였기 때문에 수업과 다른 활동으로 인식하여 왔다. 지금도 교사들이 수행평가를 수업과 동시에 실시하지 않고 따로 시간을 내어 실시하는 경우가 많기 때문에 수업과 별개의 활동으로 보고 있는 경향이 있다. 학급당 인원수가 많은 현실을 고려할 때 수업과 동시에 평가를 실시하기는 쉽지 않다. 그러나 보다 더 충실한 수행평가가 이루어지기 위해서는 수업과 평가를 분리하기보다는 동시에 할 수 있는 방안을 마련할 필요가 있다.

이 연구 결과를 토대로 제언을 하면 다음과 같다. 첫째, 수행평가의 개념에 대한 이해 등 이론적인 측면에서 수행평가의 적용과 발전을 위한 노력이 필요하다. 둘째, 수행평가의 본질적인 가치를 확보할 수 있도록 수행평가 도구의 타당화나 수행평가의 질 관리에 보다 많은 관심을 가질 필요가 있다. 셋째, 수행평가 계획이나 평가도구 개발, 평가결과 기록 등에 관하여 전적으로 교사에게 일임함으로써 자율성을 보장해 줄 필요가 있다. 넷째, 수행평가 과제를 개발하여 보급하거나 수행평가 이론과 실제에 관한 지침서를 제작하여 보급하는 등 행정당국의 지원이 확대되어야 한다. 다섯째, 수행평가를 실시할 여건에 맞추어 점차 확대해 나갈 필요가 있다.

결국, 초등학교 수행평가의 내실화를 위해서는 수행평가의 장점을 살리고 단점을 보완해 나가는 노력이 필요하다. 수행평가는 실행상의 문제점도 가지고 있으나 고등정신능력의 신장, 개별학습의 촉진, 학습동기의 유발, 협동학습의 촉진, 교수학습목표와 평가내용의 관련, 교사의 전문성 신장, 교사들 간의 협력, 학부모의 참여 유발 등 여러 가지 측면에서 장점도 많다(성태제, 2000). 초등학교 수행평가의 내실화를 위해서는 이러한 수행평가의 장점을 살려 개선하면서 동시에 단점을 보완해 나가야 한다. 본 연구 결과는 초등학교 수행평가 실천의 모습을 이해하는 데 도움이 될 것이며, 우리나라 초등학교 수행평가 실행상의 내실화 및 여건 개선에도 기여하게 될 것이다.

또한 초등학교에서 수행평가가 내실화되기 위해서는 교사들이 계획적으로 수행평가를 실시할 필요가 있으며 수행평가에 대하여 부정적인 인식을 가지고 있거나 대응이 미흡한 학생들에게 적절한 지도가 있어야 할 것이다. 또한 지나친 성적 중심의 평가보다는 수행평가의 본질에 맞게 수행능력 중심의 평가가 이루어져야 할 것이다.

참고문헌

교육개혁위원회(1995). **세계화 · 정보화 시대를 주도하는 신교육체제 수립을 위한 교육개혁 방안.**

국립교육평가원(1996). **초등학교의 새로운 평가제도에 따른 수행평가의 이론과 실제.** 서울: 대한교과서주식회사.

김경자(1999). **초등학교 수행평가의 의미와 그 개혁 전략: 미국 사례를 중심으로.** 초등교육연구, 13(1). 157-184.

김명숙(2000). **수업개선을 위한 수행평가의 질 관리.** 수업과 수행평가의 개선을 위한 질적 연구방법의 활용. 한국교육과정평가원 2000 학술세미나 자료(pp. 3-28).

김병성(1996). **교육연구방법.** 서울: 학지사.

김석우(1999a, 10). **수행평가의 본질과 현안 문제에 대한 대안적 접근.** 한국교원대학교 수행평가 학술 세미나(pp. 1~10). [internet data file]

김석우(1999b, 5). **현장의 수행평가 시행방향과 과제.** 부산교대 춘계학술세미나(pp. 1~8). [internet data file]

김재춘 · 소경희(1999, 7). **수행평가 정착을 위한 교육과정 운영 방안.** 수행평가 현장 정착을 위한 세미나(pp. 1~26). [internet data file]

김주환(1999). **목표중심의 국어 수업과 수행평가.** 열린교육연구, 7(11). 147~151.

김진규(1997). **수행평가의 내실화.** 교육월보, 통권183호, 66~69.

배호순(1999). **수행평가 타당화 논리의 탐색.** 교육평가연구, 12(1), 125-151.

백순근 등(1999, 10). **수행평가 정착을 위한 교육평가 운영 방안.** 한국교원대학교 부설 교과교육공동연구소 수행평가 현장 정착을 위한 학술 세미나(pp. 1~42). [internet data file]

백순근(1995a). **교수 · 학습 평가를 위한 새로운 대안: 수행평가를 중심으로.** 초등교육연구 6, 3~20. 청주교육대학교 초등교육연구소.

백순근(1995b). **인지심리학의 학습 및 학습자관이 교육평가에 주는 시사.** 교육학연구, 33(3), 131~150.

백순근(1997). **수행평가란 무엇이며 왜 필요한가?** [자료 파일]. 천리안-초등우리교육.

백순근(1998). **수행평가의 이론과 실제.** 서울: 원미사.

성태제(2000). **초등교육 수행평가의 장애요인 분석과 개선안.** 교육학연구, 38(1). 153~184.

정일호 · 김인숙 · 고재천(2002). **초등학교 수행평가의 실시 현황과 개선방안.** 교육학연구, 40(5), 103~132.

최연희 · 권오남 · 성태제(1998). **중학교 영어 · 수학 교과에서의 열린 교육을 위한 수행평가 적용 및 효과분석 연구.** 교육부 초등교육정책과 연구과제.

최호성(1997). **수행평가: 닫힌 평가에서 열린 평가로의 전환.** 석문주 외, **학습을 위한 수행평가**(pp. 19~46). 서울: 교육과학사.

허경철 외(1999). **수행평가 정책 시행 실태 분석과 개선대책 연구.** 한국교육과정평가원 연구보고(CRE 99-2).

허경철(1999, 10). **수행평가 정착을 위한 교육과정 운영 방안.** 한국교원대학교 부설 교과교육공동연구소 수행평가 현장 정착을 위한 학술 세미나(pp. 1~36). [internet data file]

허인수(1999a). **교사의 수행평가 적응문화 연구: 서울지역의 초등학교 사례 중심.** 교육학 박사학위논문, 강원대학교.

허인수(1999b, 7). **초등교육 수행평가 현장 적용 방안.** 한국교육과정평가원 수행평가 정착을 위한 세미나(pp. 1~15). [internet data file]

American Federation of Teachers, National Council on Measurement in Education, National Education Association(1990). Standards for Teacher Competence in Educational Assessment of Students. *Educational Measurement: Issues and Practice*, 9(4), 30-32.

Herman, J. L., P. R. Aschbacher, and L. Winters. (1992). *A practical guide to alternative assessment*. Los Angeles.: the Regents of the University of California.

Jackson, P. W. (1968). *Life in the Classroom*. New York: Holt, Rinehart & Winston.

Madley, D. L. (1982). Some benefits of integrating qualitative and quantitative methods in program evaluation, with illustrations. *Educational Evaluation and Policy Analysis*, 4(2), 223-236.

Marzano R. J., Pickering, D., & McTighe, J. (1993). *Assessing student outcomes: Performance assessment using the dimensions of learning model*. Alexandria, VA: Association for Supervision and Curriculum Development.

McMillan, J. H. (1997). *Classroom assessment: Principles and practice for effective instruction*. Boston: Allyn & Bacon.

Melograno, V. J.(1997). Integrating assessment into physical education teaching. *Journal of Physical Education, Recreation & Dance*, 68(7), 34-37.

Popham, W. J. (1995). *Classroom management: What teachers need to know*. Boston: Allyn & Bacon.

Resnick, L. B. & Resnick, D. P.(1992). Assessing the thinking curriculum: new tools for educational reform, in B. R. Gifford & M. C. O'Connor (eds.). *Changing asessments: alternative views of aptitude, achievement, and instruction*. Boston: Kluwer Academic Publishers, 37-75.

Resnick, L. B. (1988). Treating mathematics an ill-structured discipline. In R. I. Chares and E. A. Silver(eds). *The teaching and assessing of mathematical problem solving*. Hillsdale: Erlbaum.

Rossman, G. B. & Wilson, B. L. (1985). Numbers and words: Combining quantitative and qualitative methods in a single large-scale evaluation study. *Evaluation Review*, 9(5), 627-643.

Schaffer, W. D., & Lissitz, R. W. (1987). Measurement training for school personnel: recommendations and reality. *Journal of Teacher Education Research*, 38(3), 57-63.

Schaffer, W.D.(1993). Assessment literacy for teachers: a national survey. *Theory in Practice*, 32(2). 118-126.

Shavelson, R. J. & Baxter, G. P. (1996). Linking assessment with instruction." in R. E. Baum & J. A. Arter(ed.). *A handbook for student performance assessment in an Era of restructuring. Virginia: Association for Supervision and Curriculum Development*.

Shavelson, R. J. & Stern, P. (1981). Research on teachers' pedagogical thoughts, judgements, decisions, and behavior. *Review of educational research*. 51(4), 455-498.

Shavelson, R. J. (1983). Review of research on teachers' pedagogical judgements, plans, and decisions. *Elementary School Journal* (4), 392-413.

Shavelson, R. J. et al.. (1991). Alternative technologies for large-scale Assessment: instrument of education reform. *School Effectiveness and School Improvement*, 2, 1-18.

Shavelson, R. J., Webb, N. M., Stasz, C. and McArther, D. (1988). Teaching mathematical problem solving: insights from teachers and tutors. In R. I. Charles and E. A. Silvers(eds.). *The teaching and assessing of mathematical problem solving*. Hillside: Erlbaum.

Spradley, J. P. (1979). *The Ethnographic interview*. New York: Holt, Rinehart & Winston.

Spradley, J. P. (1980). *Participant observation*. New York: Holt, Rinehart &

Winston.

Stiggins, R. J. (1991). Relevant classroom assessment training for teachers. *Educational Measurement: Issues and Practice*, 10(1), 7-12.

Ward, J. G. (1980). Teachers and testing: a survey of knowledge and attitudes. In L. M. Rudner(ed.). *Testing in our schools. Washington. DC: National Institute of Education*, 15-24.

Wiggins, G. (1989). A true test: Toward more authentic and equitable assessment. *Phi Delta Kappan*, 70. 703-713.

Wise, S. L., Lukin, L. E., & Roos, L. L. (1991). Teacher beliefs about training in testing and measurement. *Journal of Teacher Education*, 42(1), 37-42.

☆ 저자 소개 ☆

고 재 천(高在天)

-주요 약력-

- 광주교육대학교 교육학과 졸업
- 한국교원대학교 대학원 초등교육학 전공(교육학 석사)
- 한국교원대학교 대학원 초등교육학 전공(교육학 박사)
- 현 광주교육대학교 교육학과 교수

-주요 저서-

- 20세기를 여는 초등교육의 쟁점들(공저, 2000, 교육과학사)
- 초등교과교육론(공저, 2001, 양서원)
- 초등교육학 서설(공저, 2004, 문음사)
- 초등교육의 재조명(공저, 2004, 문음사)
- 초등학교 교사: 연구자로서 삶(공저, 2005, 양서원)
- 초등교사론(공저, 2006, 학지사)

초등학교 수행평가의 문화

• 초판 인쇄	2006년 5월 1일
• 초판 발행	2006년 5월 1일
• 지 은 이	고재천
• 펴 낸 이	채종준
• 펴 낸 곳	한국학술정보㈜
	413-756 경기도 파주시 교하읍 문발리 526-2
	파주출판문화정보산업단지
	전화 031) 908-3181(대표) · 팩스 031) 908-3189
	홈페이지 http://www.kstudy.com
	e-mail(출판사업부) publish@kstudy.com
• 등 록	제일산-115호(2000. 6. 19)
• 가 격	24,000원

ISBN   89-534-5108-6 93370 (Paper Book)
           89-534-5109-4 98370 (e-Book)